GUY NOVÈS

LA TÊTE HAUTE

34-36, rue La Pérouse
75116 Paris
www.hugoetcie.fr

Collection Hugo Sport et ouvrage dirigés par Bertrand Pirel
Photographie de couverture : © David Rogers / Getty Images
Photographies du cahier intérieur : Archives personnelles de Guy Novès / DR.
Couverture et mise en page : Marion Rosière

ISBN : 9782755647273
Dépôt légal : mars 2021
Imprimé en Espagne par CPI Blackprint

GUY NOVÈS

LA TÊTE HAUTE

MON AUTOBIOGRAPHIE

AVEC LA COLLABORATION DE JEAN-LOUIS LAFFITTE
ET GRÉGORY LETORT

Hugo Sport

SOMMAIRE

– AVANT-PROPOS P.7

1 LES HEURES DE POINTES P.13

2 NOVÈS NOVICE P.29

3 D'UN FRANCE-GALLES À L'AUTRE P.41

4 LE PROF P.57

5 L'HÉRITAGE DE CLAUDE LABATUT P.65

6 DEUX BRENNUS AU CRÉPUSCULE P.77

7 UN TRIO À DEUX VOIX P.93

8 RETOUR GAGNANT AU BERCAIL P.103

9 LA PIQÛRE DES GUÊPES P.111

10 MANAGER, *QU'ÈS ACO* ? P.133

11 UNE PRISON POUR ROYAUME P.153

12 UN MENU QUATRE ÉTOILES P.171

13 SUR LA PLANÈTE FFR P.183

14 DANS LE SAS P.197

15 UN MAILLOT COMME UN TREILLIS P.213

16 VINGT-QUATRE MOIS POUR CONSTRUIRE P.223

17 PAS LOIN DES ALL BLACKS P.237

18 UNE TOURNÉE POUR TRINQUER P.247

19 À QUI LA FAUTE (GRAVE) ? P.267

AVANT-PROPOS

Nous avons l'habitude d'entendre des hommes politiques affirmer qu'ils se présentent ou se représentent aux élections sous la pression insistante de leurs amis ou (et) de leurs administrés. À mon tour, je pourrais dire que j'ai voulu publier cet ouvrage pour contenter tous ceux qui, lors de rencontres fugaces, ont manifesté le désir d'en savoir davantage sur mon parcours et mes convictions.

Cette allégation ne trahirait pas la vérité mais elle serait incomplète. Je me dois d'avouer que ce livre a satisfait un besoin, celui d'exprimer une douleur longtemps contenue pour des raisons juridiques : je reconnais qu'il m'a servi d'exutoire et je ne crois pas que déclarer une douleur ressortisse à la faiblesse. Je ne suis pas exempt de défauts mais il me serait pénible d'entendre que la faiblesse en fait partie.

Ce livre a correspondu aussi à une période, qui était aux turbulences. Non seulement j'étais en proie aux soucis qui président à la constitution d'un dossier de justice mais une intervention chirurgicale – l'installation d'une prothèse du genou – m'avait cloué dans mon fauteuil et la maison que j'ai construite de mes mains était devenue un véritable chantier, d'importants travaux de rénovation étant effectués au même moment. Cette situation pour le moins inconfortable m'a procuré cependant un avantage non négligeable : elle m'a laissé du temps, enfin, pour me retourner sur tant d'années si vite écoulées et raconter non pas une histoire comme si elle appartenait à la grande mais de petites histoires qui agrémentent un palmarès et peuvent répondre à une attente. À l'occasion de mon départ du Stade Toulousain, un résumé de mes mille matchs avait été publié[1] : le clap de fin ayant été donné à ma carrière, il était temps de repasser tout le film, en y ajoutant un dénouement tout à fait inattendu.

Pour écrire ce que je souhaitais dire, mes phrases finales en quelque sorte, j'ai fait appel à deux journalistes qui ont été de mes interlocuteurs privilégiés, par ordre d'intervention Grégory Letort et Jean-Louis Laffitte. Le premier, qui a suivi de près, pour *Midi Olympique*, la fin de mon aventure, a effectué le travail de fond, l'extraction de la matière première ; le second, qui sévissait déjà à *La Dépêche du Midi* quand j'ai débarqué au Stade Toulousain, s'est attaché à la

1. *Guy Novès : mes 1000 matchs au Stade Toulousain*, par Gilles Navarro (Éditions Privat, 2013).

transcription de mes propos noir sur blanc, de préférence en couleur.

Je n'ai pas cherché à faire pleurer dans les chaumières. Un tel dessein eût été indécent, en regard des grandes douleurs qui ravagent l'existence de milliers de personnes. Celles-ci sont en droit de considérer comme dérisoire l'épreuve qui m'a été infligée. Effectivement, dans la mesure où je continue de vivre heureux parmi les miens, je dois me considérer comme un privilégié. Mon déboire de sélectionneur, je suis le premier à le relativiser : ainsi occupe-t-il, dans cette autobiographie, la même place qu'il occupe dans mon aventure, sûrement pas la place... de choix. En aucune façon, il ne saurait ombrer les nombreuses et merveilleuses satisfactions qui l'ont précédé.

Ma bonne fortune me condamnait-elle pour autant au mutisme ? Il paraît que le silence constitue le mépris le plus outrageant mais je ne suis pas de cet avis. Il me semble, au contraire, que l'absence de réaction conforte l'offenseur dans son attitude, jusqu'à la valider implicitement. La vieillesse ne manquera pas de courber mon dos, jamais ma tête. J'ai toujours voulu la garder haute. Pour autant, ce licenciement parmi tant d'autres, aussi important qu'une goutte d'eau dans l'océan, méritait-il d'être exposé et commenté sur la place publique ? Il ne s'agit, après tout, que d'une affaire personnelle, dans laquelle mes proches sont naturellement impliqués. Cependant, des milliers de personnes ont adhéré à ma cause parce qu'elles ont ressenti l'injustice. Puisqu'elles partageaient mon tourment, j'ai cru bon de leur faire partager ma réhabilitation et mon soulagement. D'autre part, je n'y suis pour rien si les faits et gestes d'un entraîneur ou manager du Stade Toulousain, a fortiori du XV de France, suscitent plus de curiosité et de passion que les méthodes d'enseignement d'un prof de collège. Le glorieux parcours du club doyen de la ville rose, auquel s'est collé le mien pendant quarante années, m'a valu une certaine notoriété, partant des sollicitations tous azimuts, les plus courantes émanant des médias et des éditeurs.

Les mots « honneur » et « fierté » reviennent souvent dans mon récit. Je n'ai jamais cessé de revendiquer ces vertus, au risque de les voir confondues avec la vanité. Je n'ai jamais cessé de les défendre. Si un roi de France ne l'avait fait bien avant moi, j'aurais volontiers pris comme devise le porc-épic : qui s'y frotte s'y pique ! Mon honneur a été injustement sali et je me suis battu pour que soit établie et sanctionnée cette injustice. Je ne me suis pas battu pour gagner de l'argent et celui que j'ai perçu correspond aux salaires dont j'ai été privé à cause d'un licenciement abusif. Pour ce qui concerne les comptes, je préfère évoquer ceux qui font les bons amis. Je n'ai pas non plus voulu gagner de l'argent en publiant ce livre : ce qu'il me rapportera est destiné, depuis le départ, au club de Leucate. Mon intention première était de ne pas faire état de ce don, ce qui lui eût peut-être donné plus de valeur. À la réflexion, je me suis dit que la discrétion s'imposait plutôt quand le bénéficiaire était une personne.

Faire connaître son attachement à un club, et par là même au rugby amateur, ne me paraît pas indélicat, bien au contraire. Si le seul club dont j'ai porté les couleurs est considéré comme le plus grand, en tout cas l'un des deux seuls (avec Clermont) à avoir toujours figuré dans l'élite, j'ai tout de même pratiqué à l'époque de l'amateurisme et le bonheur qu'elle m'a offert est inconnu des professionnels les mieux payés. Aucun salaire ne procure la richesse de la fabuleuse aventure que j'ai vécue grâce à un sport auquel rien ne me destinait, grâce à un club.

Il est de bon ton de prétendre qu'on ne regrette rien mais, pour ma part, je regrette qu'une aussi belle aventure se soit achevée en eau de boudin. J'avais quitté le Stade Toulousain car j'avais envie de savoir ce que je pourrais réaliser avec l'équipe de France : je ne le saurai jamais et c'est une grande frustration. Je ne sais pas davantage ce que j'aurais réalisé en athlétisme si j'avais continué à le pratiquer mais cette question ne m'a causé aucune frustration, juste un petit regret, puisque c'est moi qui ai décidé de ranger les pointes et de changer d'horizon.

Avec les pointes ou les crampons, j'ai toujours eu soif de victoire. Même si un retraité a encore des challenges à relever, j'estime que ma soif est à peu près étanchée. Ayant eu la chance de remporter de nombreux succès, je peux me permettre de ne pas considérer tout à fait comme tel celui que j'ai obtenu dans le prétoire grâce à la compétence et à l'ardeur de mes défenseurs, Me Nougarolis en tête.

Une victoire octroyée par des juges n'aura jamais l'éclat de celles que j'ai décrochées sur des terrains où le combat est noble, où même la boue a une bonne odeur. Mon honneur a été restauré, c'est l'essentiel, mais le vainqueur ne saurait pavoiser qui est resté à la maison, comme le souhaitaient ceux qui ont été condamnés et qui ont continué à administrer le rugby français.

J'invite le lecteur à méditer sur cette étrange morale.

Guy Novès
Janvier 2021

1

LES HEURES DE POINTES

Un beau jour du printemps 1975, l'athlète que j'étais a signé au Stade Toulousain. En me faisant embrasser une autre carrière que celle que j'avais projetée, cette décision a forcément changé ma vie.

Je suis né à Toulouse le 5 février 1954, deuxième fils d'une famille d'origine espagnole. Mon grand-père maternel avait fui le régime de Franco : pour lui, c'était une question de survie. Il avait quitté Fayon, un petit village d'Aragon où je ne me suis rendu qu'une seule fois ; j'étais tout petit et j'ai seulement conservé le souvenir d'une ferme au sol en terre battue. Pour commencer à travailler, mon grand-père ne disposait que d'une charrette et d'un cheval. Il avait retroussé ses manches, il avait voulu s'intégrer : il avait été récompensé.

Mes parents n'étaient pas particulièrement attachés à la terre de leurs aïeux : nés en France, ils ont fait leur vie en France. Raymond, mon père, fréquentait les frères de ma mère : c'est ainsi que mes parents se sont rencontrés. Raymond avait grandi dans une famille de onze enfants, il avait appris à s'en sortir tout seul. À 14 ans, il travaillait dans une menuiserie : c'était une force de la nature, un manuel, un débrouillard. Plus tard, il est devenu électricien à la SEMVAT, la société gérant les transports en commun sur Toulouse et sa banlieue. Andrée, ma mère, était secrétaire de direction au « Décor », un magasin vendant des tableaux et des tapisseries, place Esquirol.

Quand je suis venu au monde, la maison de mes parents était déjà construite. Raymond l'avait bâtie sur un petit terrain acquis avec les économies du couple et la vente de sa Traction Citroën. Hé oui, à l'époque, on pouvait acheter un terrain en vendant une voiture ! En construisant cette maison de ses mains, mon père m'a donné l'exemple. D'autant que cette maison a été le centre de mon univers : j'y suis né, j'y ai grandi au côté de mon frère Jean-Claude, j'ai fait mien le quartier des Récollets. Cette maison était vraiment la maison familiale puisque ma grand-mère maternelle, qui habitait avec son époux à 150 mètres, est venue nous rejoindre lorsqu'elle a perdu son mari. J'étais en classe de sixième quand mon grand-père s'est suicidé. Avant de devenir chiffonnier, il avait été mineur en Espagne dans sa jeunesse : rongé par la silicose, il s'étouffait et il a préféré mettre fin à son calvaire. Je verrai toujours ma grand-mère avec son fichu noir sur la tête, j'entendrai toujours son parler mélangeant espagnol et français. Elle avait eu quatre garçons et une seule fille : aux enfants d'Andrée, elle vouait un amour démesuré. Je la vouvoyais mais je crois qu'elle me gâtait particulièrement. Elle était, pour moi, la plus adorable des grand-mères.

Quand papa est parti à son tour, en 2014, maman a continué à vivre dans notre maison, à quelques mètres du lycée Berthelot qui a également marqué ma vie. C'est là que j'ai rencontré Françoise, mon premier flirt. Nous étions en sixième, j'avais 11 ans, elle 10. Nos routes ont bifurqué au terme de l'adolescence, la sienne vers la médecine, la mienne vers le CREPS, mais elles ont fini par se rejoindre. Un jour de 1979, en milieu de semaine, une 2CV s'est garée devant la maison de mes parents où j'habitais encore. À ma grande surprise, Françoise en est descendue, en blouse blanche. Elle était en train de se séparer du père de son enfant. Le vendredi soir, je disputais un match de football corporatif : j'ai quitté le terrain à la mi-temps pour emmener Françoise au restaurant. Deux jours après, j'ai demandé à ma mère de l'accueillir chez nous, avec son fils de 18 mois. Comme je partais à mon travail, maman m'a écrit une longue lettre, très émouvante, pour tenter de me faire changer d'attitude ; à son avis, je brisais un couple. Mais ma résolution était prise : ou bien Françoise et son enfant logeaient sous notre toit ou bien c'est moi qui partais. Le soir même, tout était prêt pour recevoir Françoise et Vincent, que j'ai immédiatement regardé comme mon fils et élevé comme tel. Il porte mon nom mais il a vécu deux histoires car il est resté proche de son père. Immédiatement aussi, je me suis senti responsable d'une personne brillante et fragile. Je n'étais plus chef de bande comme à la maternelle, mais chef de famille.

Au bout d'un an de vie commune, nous nous sommes mariés, le 16 janvier 1981, en l'église de Saint-Martin-du-Touch. Jean-François Icard et Claude Hélias étaient mes témoins. Je souhaitais un beau mariage, j'ai été exaucé. La réception s'est déroulée en plein centre de Toulouse, au mess des officiers de l'armée : le chef cuisinier, qui était le père d'un ami, m'avait permis l'accès à cette magnifique salle. Tout le Stade Toulousain était invité. La soirée a donné lieu à de superbes débordements, qui n'étaient pas seulement ceux des ailiers, et le talonneur Daniel Santamans a pu compter, comme le dimanche après-midi, sur le soutien du troisième ligne Roger Viel. Nous étions en pleine saison et ma femme était étudiante : nous n'avons pas fait de voyage de noces. Nous nous sommes installés à Colomiers, dans une HLM. Nous avons eu deux filles : Valérie, née le 6 août 1982, et Julie, née le 24 juillet 1986. Je suis fier du parcours de mes trois enfants, je souhaite à tout le monde d'avoir les mêmes.

C'est aussi à Berthelot que j'ai noué une grande amitié. Pourtant, avec Jean-François Icard, tout commença par une bagarre dont je ne saurais dire la raison, a fortiori après tant d'années. Elle éclata parce que nous étions l'un et l'autre turbulents, agressifs, parce que nous étions deux coqs prompts à se défier. Une fois la querelle vidée, nous sommes devenus inséparables. Nous avons pratiqué l'athlétisme, nous avons battu ensemble le record des Pyrénées du 4x1000 mètres ; aux championnats de France, Jean-François est monté sur le podium du 1500 mètres steeple. Nous avons fait aussi les quatre cents coups, il faudrait un autre livre pour les raconter tous. L'un entraînait l'autre. Un jour, nous avons emprunté la 404 Peugeot de mon frère pour aller voir des copines. Je n'avais pas le permis de conduire et, au retour, nous avons percuté une 2CV... Nous aurions pu périr en mer, la première fois que nous sommes allés pêcher le thon. Nous nous trouvions à 75 kilomètres du rivage quand la tempête s'est levée : et Jean-François ne voulait jamais rentrer !

Au lycée, tout le monde nous connaissait et personne ne songeait à nous provoquer. Pour autant, je n'ai jamais franchi la ligne blanche, je n'ai jamais fait l'objet d'une quelconque mesure disciplinaire. Par surcroît, mon ami et moi avons appartenu aux mêmes classes, jusqu'à la terminale que nous avons dû redoubler ; nos parents ont organisé alors notre séparation, pour nous permettre de préparer le bac sérieusement, enfin. Cette stratégie s'avéra payante puisque nous avons décroché l'un et l'autre le bac D (mathématiques et sciences naturelles). Comme nous menions la même vie, que nous connaissions les mêmes aventures, nous avions forcément le même objectif et c'était le professorat de gymnastique.

Pour ce qui me concerne, l'histoire avait commencé à s'écrire plus tôt. Au rez-de-chaussée de la maison familiale, deux chambres étaient vacantes que mes parents louaient à deux étudiants du CREPS[2]. Ma mère ne se contentait pas de les loger, elle s'occupait d'eux et les invitait à notre table : ils vivaient donc avec nous. J'avais 10 ans et ces garçons me fascinaient parce qu'ils s'apprêtaient à faire leur vie dans le sport, une vie qui me faisait rêver car le grand air représentait

2. Centre de ressources, d'expertise et de performance sportives.

pour moi la liberté. Voilà comment germa dans mon esprit l'idée de devenir prof de gym, qui devint très vite un idéal. Plus tard, en parvenant à la maturité, j'ai été sensible à la dimension pédagogique. Je crois que je possédais cette fibre. Et puis, avoir commis tant de bêtises s'est avéré un avantage car je comprenais très bien certains comportements !

J'ai toujours aimé le sport, qui a participé à mon éducation. Alors que ma mère s'adonnait à la peinture, j'étais très maladroit. J'étais également trop introverti pour monter sur une scène de théâtre. Mes fonctions m'ont permis d'évoluer : je me sens désormais à l'aise quand je parle en public alors que, dans ma jeunesse, je ne m'exprimais que par la performance.

Comme il en va dans toutes les familles ou presque, mon père m'a transmis ses passions, à commencer par celle de la chasse. Je me souviens d'avoir pleuré le jour de l'ouverture, quand papa partait sans moi. Puis, j'ai eu l'honneur de l'accompagner, sans fusil les premiers temps. Mon impatience m'a joué des tours. Alors que je chassais des merles en compagnie de mon frère, j'ai vu arriver le garde au bout d'une haie. Je me suis enfui à toute vitesse, j'ai jeté mes affaires sous la voiture qui était garée au pied d'un chêne et je suis monté dans l'arbre pour me cacher. Un certain laps de temps s'est écoulé jusqu'à l'arrivée de mon frère et du garde. Les hurlements de Jean-Claude ont fini par me faire descendre de l'arbre. À la vérité, le garde nous surveillait depuis longtemps et il était convaincu, malgré les dénégations de mon frère, que nous braconnions. Il nous a proposé un arrangement financier pour oublier notre nom et mon père a dû sortir quelques billets de 100 francs. Il n'en a rien dit à ma mère et, le soir même, il s'est mis à repeindre une voiture pour récupérer cet argent.

Dès que j'ai eu mes 16 ans, mes parents m'ont autorisé à prendre le permis de chasse et cette passion n'a jamais faibli. Quand j'étais joueur, il m'arrivait souvent de prendre le fusil en revenant d'un déplacement, vers 2 ou 3 heures du matin : sur les terrains du stade Ernest-Wallon, il y avait des lapins partout ! Un soir, j'en ai flingué trois depuis la fenêtre du bus et j'ai pu ainsi en offrir un à chaque entraîneur, Jean-Claude Skrela, Pierre Villepreux et Robert Bru. Un autre soir, l'affaire a failli mal tourner. Alertée par les coups de feu, la Brigade anti-criminalité est intervenue. Les policiers ne rigolaient pas, j'ai été ceinturé, fouillé, mais le malentendu a été vite dissipé.

Plus tard, devenu entraîneur, j'ai organisé une chasse afin de renforcer les liens entre joueurs, dans le cadre d'une activité en pleine nature qui aurait pu être le vélo ou l'escalade. Nous avons acheté des faisans à lâcher et, pour assurer la convivialité, nous avons convoqué un cuisinier. Chaque participant a payé son écot. Certains joueurs aimaient la chasse, d'autres la découvraient. En tout cas, ce fut pour tous l'occasion de mieux connaître leur coach, de constater qu'il était un homme comme les autres, pas seulement un patron qui pouvait se montrer dur.

Qui dit passion de la chasse dit passion des chiens. J'en ai toujours voulu à mes côtés, même quand Françoise et moi vivions en HLM à Colomiers. À peine avions-nous emménagé que j'ai acheté une épagneule. Or, quinze jours après, j'ai dû subir une intervention chirurgicale à cause d'une hernie discale, ce qui m'interdisait la promenade quotidienne avec la chienne. Mon père a accepté de la prendre chez lui mais il s'y est tellement attaché qu'il l'a gardée ! Nous avons ensuite recueilli, au pied de l'immeuble, un petit chien perdu. Il a grandi très vite, si bien qu'un jour, alors que je me baladais avec mon fils Vincent, le chien a foncé sur l'enfant et l'a renversé. Vincent n'a pas été blessé mais j'ai eu la peur de ma vie. J'ai donné aussitôt au voisin le chien et ses affaires. À la mort de mon berger allemand Léo, je me suis promis de ne plus avoir de chien. Je n'ai pas tenu deux mois ma promesse...

Homme de la nature, je ne pouvais ignorer la pêche. J'ai effectué mes premiers lancers au bord de la Garonne. Une fois initié, j'ai pêché la truite, puis j'ai appris à aimer la pêche en mer. J'ai également pêché dans des gorges, une activité très sportive qui exige six ou sept heures de randonnée et qui peut être dangereuse. Il m'est arrivé de rebrousser chemin près du but en voyant le ciel sillonné d'éclairs. Une fois cependant, près de Perpignan et en compagnie de mon ami Jean-Michel Rancoule, j'ai été pris au piège. Au petit matin, bien qu'il fît mauvais temps et que l'eau fût haute, nous ne pensions pas courir un danger. Mais il s'est remis à pleuvoir dans la journée et, au bout du parcours, un terrible constat s'est imposé : la crue était telle qu'elle nous interdisait le passage ! La nuit tombait, il n'était plus question de refaire sept heures de marche à l'envers et le téléphone portable ne fonctionnait pas. Les parois étaient glissantes et recouvertes de ronces mais j'ai réussi à escalader et à tirer Jean-Michel à l'aide de la canne télescopique. Nous aurions pu y laisser la peau. À bout de forces, nous avons repris pied sur la route. Jean-Michel n'a pas oublié.

Mon père m'a aussi fait aimer le sport. Il avait pratiqué la boxe et le football. Moi, je n'ai jamais mis des gants : j'aimais bien ce milieu mais j'avais déjà de nombreuses activités. Au contraire, mon ami Jean-François s'est distingué dans le noble art. Entraîné par Pierre Montané, champion d'Europe des poids légers dans les années cinquante, il a décroché le titre de champion de France universitaire ; naturellement, il a choisi cette option au CREPS de Vichy.

Mes premiers souvenirs de compétition sont rattachés au football. Dans les années soixante, j'avais presque en permanence un ballon rond dans les pieds. Mon père suivait le TFC et m'emmenait au Stadium : c'était l'époque des Dorsini, Baraffe, de grands joueurs que les anciens n'ont pas oubliés. Je fréquentais aussi la piscine Nakache où j'ai appris à nager. Au lycée Berthelot, j'ai testé toutes les disciplines (volley, handball, football...) et je me suis toujours accroché. Sauf, peut-être, en gymnastique, mais j'ai assuré le minimum : flip, saut périlleux avant et arrière. Non seulement j'étais premier en éducation physique, non seulement je remportais toutes les épreuves des championnats d'athlétisme de Berthelot auxquelles je participais, mais je battais des records. Je me suis fait une réputation et n'ai pas tardé à être remarqué. Les entraîneurs des clubs assistaient aux championnats scolaires afin de repérer les jeunes les plus performants et d'essayer de les faire signer chez eux. C'est ainsi qu'un dirigeant du TCMS (Toulouse Cheminots Marengo Sports) s'est présenté chez mes parents. J'étais tenté par l'aventure mais j'ai dû patienter car Jean Goubet, l'un des étudiants vivant sous notre toit, a convaincu mon père que j'étais trop jeune. J'étais minime quand j'ai signé au TCMS, à l'hiver 1967. Les dirigeants étaient revenus à la charge, leur discours avait finalement séduit mes parents et les conditions étaient idéales : les entraînements avaient pour cadre la caserne Niel, non loin de chez moi. La première épreuve que je disputai fut le Cross du Rail, dont l'arrivée était jugée derrière le Stadium. Je suis entré le premier dans le stade et j'ai accéléré dans ce que je croyais être le final ; or, il restait encore un tour de piste et j'ai été battu par un certain Falguera. Quinze jours après, au championnat des Pyrénées, j'ai pris une nette revanche.

Entraînement après entraînement, course après course, j'ai progressé. En 1971, à Charléty, j'ai battu le record de France cadets du 1200 mètres en 3'06"4. Qualifié pour les championnats en 3'15", j'avais réalisé 3'12" en série : j'avais déjà la volonté de toujours mieux faire. Dans la dernière ligne droite de la finale, rien ne pouvait m'arriver, j'avais l'impression de voler. Je revois ma mère hurlant à l'arrivée. Tous les records sont faits pour être battus mais celui-là, je suis fier de le détenir à jamais car cette épreuve n'existe plus ! Sur la photo que je conserve précieusement, on reconnaît, derrière moi, José Marajo, qui a participé deux fois aux Jeux Olympiques sur 800 mètres. Ce fut un moment fort de mon existence. Le cross-country m'avait appris la stratégie de course : je partais vite, puis je me plaçais sans mener ; je me laissais aspirer pour sortir après le virage, je ne courais jamais dans le deuxième couloir. Dans toute compétition, la réflexion est nécessaire, souvent déterminante. Celle que je menais sur les pistes, je me suis efforcé de la reproduire sur tous les terrains.

Naturellement, ma victoire de Charléty m'a valu d'être convoqué au stage national de Capbreton. C'est là que j'ai été choisi pour tourner une séquence d'un film avec Michel Jazy, légende de l'athlétisme français qui voyait en moi un futur grand coureur de 5000 mètres. En la circonstance, je courais... derrière une 4L Renault ! J'ai été également interviewé par Michel Drucker qui était alors un très jeune reporter et que je n'ai jamais eu le plaisir de retrouver.

À l'issue du stage, j'ai été sélectionné en équipe de France juniors 1re année pour aller disputer un match triangulaire

(Italie-France-Espagne) à Bergame. Chaque épreuve était disputée par deux athlètes de chaque pays et j'ai terminé second de ma course, qui était retransmise par la télévision française et que mon frère a pu ainsi suivre en direct. Pour un cadet surclassé, ce résultat était plus qu'honorable. À 19 ans, je suis parti au Bataillon de Joinville pour effectuer mon service militaire en tant qu'athlète. Je ne m'étais jamais autant éloigné de Toulouse aussi longtemps. Heureusement, je rentrais chez moi presque chaque week-end mais un tel rythme est très éprouvant. Le retour au Bataillon était des plus pénibles : je prenais le train de nuit pour Paris, en couchette, puis le train de banlieue pour Fontainebleau. Les athlètes voyageaient en deuxième classe mais les rugbymen toulousains du Bataillon étaient devenus des copains et ils avaient, eux, le privilège de voyager en première. Ils s'étaient procuré, je ne sais par quel moyen, le tampon ad hoc qu'ils apposaient parfois sur ma permission afin que je bénéficie de leur compagnie… et de leur confort. Le lundi après-midi était consacré à la formation militaire. Le reste du temps, nous nous entraînions à notre cadence car personne ne nous en imposait une. Il suffisait que nous nous présentions en tenue à la levée des couleurs, après quoi nous pouvions nous recoucher…

J'appartenais corps et âme au monde de l'athlétisme, mon parcours sportif semblait tout tracé. Malheureusement, ma discipline n'était pas assez structurée pour que je puisse m'épanouir en son sein. Si les équipes de France rivalisaient avec les meilleures, leurs individualités n'étaient pas « invitées » au plus haut niveau. Il n'était pas besoin de chercher loin la raison de ce marasme : l'organisation du sport de haut niveau ne permettait pas à un espoir de concilier les exigences de sa discipline avec celles des études supérieures. Je n'avais pas envie de m'accommoder de tant d'incertitude sur mon avenir, j'avais besoin de poursuivre un but précis. C'est pourquoi, accomplissant mon rêve d'enfant, je me suis lancé à fond dans le professorat d'éducation physique.

J'ai toujours su que la réussite sportive, celle qui transforme un individu lambda en grand champion, est réservée à une toute petite élite. Certes, aucun secteur d'activité ne garantit le succès mais, dans la vie « ordinaire », celui qui s'investit pleinement dans son travail rencontre rarement l'échec. Je n'ai jamais cessé de tenir ce discours, à mes élèves comme à mes joueurs. Je leur ai toujours recommandé de garder les pieds sur terre, j'ai toujours accordé la priorité à leur avenir. C'est pourquoi j'ai toujours donné le feu vert aux joueurs qui me demandaient l'autorisation de s'absenter pour cause d'examen. C'est la raison pour laquelle j'ai eu mal au cœur pour Damian Penaud quand il a informé le sélectionneur que j'étais qu'il mettait un terme à ses études après son bac scientifique. Cette décision lui a fermé une porte. Bien sûr, elle ne l'a pas empêché d'évoluer, ce qui s'est d'ailleurs ressenti dans son jeu, mais je demeure convaincu que le travail intellectuel permet d'évoluer encore plus rapidement, de devenir encore plus fort.

Il est évident que les meilleurs résultats s'obtiennent avec les joueurs les plus intelligents. Parmi maints exemples, je peux citer Thierry Dusautoir, Yannick Jauzion, Vincent Clerc, David Skrela et Jean Bouilhou, des garçons aux personnalités différentes mais qui ont en commun d'avoir suivi un cursus. Ce n'est pas par hasard qu'ils ont tous rebondi dans un club ou dans le monde de l'entreprise.

Mais revenons en 1975, l'année où mon existence est parvenue à un carrefour. Je souhaitais rester à Toulouse mais le CREPS de Lespinet ne proposait pas d'option athlétisme : j'ai pris la décision de ranger mes pointes. Ma dernière course officielle – je ne compte pas celles où je me suis aligné pour rendre service au TCMS –, je l'ai disputée en juillet 1974 à Nice, à l'occasion des championnats de France où des étrangers étaient systématiquement invités. Dans ma série du 800 mètres, je suis tombé sur John Walker, qui devait devenir recordman du monde du mile, puis champion olympique du 1500 mètres : il m'a battu de trois dizièmes. C'était, bien avant que j'accueille Lee Stensness au Stade Toulousain, ma première rencontre avec un Néo-Zélandais. Souvent, je repense à ce choix. Je regrette évidemment de ne pas avoir pu briguer une participation aux Jeux Olympiques alors que José Marajo, avec qui j'avais été international et que j'avais dominé régulièrement, parut à ceux de Montréal et de Moscou. Lorsque l'on prend de l'âge, pas mal de regrets font surface. Je ne saurai jamais quel aurait été mon parcours d'athlète. Peut-être se dévoilera-t-il dans une autre vie...

2
NOVÈS NOVICE

Comment me suis-je retrouvé, un beau matin de juin 1975, au siège du Stade Toulousain – il était alors boulevard Carnot – pour y prendre une licence ? Car je n'avais jamais touché un ballon ovale : si, une seule fois, à Quillan et sous fausse licence car il s'agissait de rendre service à la section rugby du TCMS, mon club d'athlétisme. Je n'étais qu'un coureur de demi-fond, avec mon record de France et mes 73 kg, mais j'avais deux bonnes raisons de devenir rugbyman. D'abord, j'avais envie d'emboîter le pas à mon frère Jean-Claude qui venait de renoncer à l'athlétisme pour signer en deuxième division, à Mauvezin, où il évoluait à l'aile de la ligne de trois-quarts. Pourtant, il avait un talent fou sur les pistes. C'était une boule de nerfs, une force de la nature et, sur 100 mètres, son énorme potentiel lui permettait de figurer parmi les trois meilleurs de Midi-Pyrénées alors qu'il ne s'entraînait presque jamais. À la sortie d'une discothèque, je l'ai vu se rendre directement au stade pour disputer un 100 mètres et il a fait 10"9 ! Pas plus arrogant que désinvolte, il ne voulait rien prouver en se comportant de la sorte : telle était sa nature, tout simplement. Avec la même spontanéité, il a opté pour le rugby, une première dans la famille. Naturellement, mes parents et moi allions le voir jouer et c'est ainsi qu'a commencé à se nouer mon lien avec le rugby. Nous ne rentrions pas dans le stade : nous nous installions derrière un petit mur qui nous dissimulait à la vue de Jean-Claude car il détestait que nous assistions à ses matchs. Je n'ai pas voulu copier strictement mon frère, nous avions chacun notre personnalité. J'ai plutôt voulu prouver que j'étais capable, moi aussi, de pratiquer un sport de combat.

Ce n'était pas ma seule motivation. En 1975, je me lançais dans les études menant au professorat d'éducation physique et je suis sorti major du concours d'entrée au CREPS. J'ai obtenu partout d'excellentes notes, lesquelles récompensaient un gros investissement ; j'étais même allé jusqu'à travailler avec un prof de gym pour être le plus performant possible. Partout d'excellentes notes... sauf en rugby ! Dans cette matière à coefficient 4, j'avais récolté un piètre 6/20, note au demeurant méritée. Placé à l'aile, je n'avais pas touché un seul ballon : c'était un concours et tout le monde jouait « perso » ! N'ayant pas encore croisé Pierre Villepreux et Claude Labatut, j'ignorais que je devais me proposer partout pour hériter de la balle. Malgré mon titre de major, je n'ai pas banalisé le flop en rugby. Au contraire, je me suis mis en tête d'apprendre ce jeu. Pas pour faire une grande carrière, encore moins pour devenir international, même pas pour jouer en première division. Mon dessein procédait d'une logique simple, peut-être primaire : j'aurais très bien pu signer au TOEC, au TUC ou au TOAC mais je pensais qu'au sein du club le plus prestigieux de la ville et de la région, j'allais progresser plus vite et renforcer ainsi mes chances de réussir à mes examens. À cette époque où régnait encore l'amateurisme, le Stade Toulousain ne tenait pas le haut du pavé : s'il avait été finaliste en 1969, il n'avait rien gagné depuis 1947 ; il ne disposait d'aucune marge de sécurité sur ses adversaires et un match contre Tulle, par exemple, était un sujet d'inquiétude. Non seulement face aux grosses cylindrées de l'époque qu'étaient Béziers, Brive ou Narbonne, mais encore face à des équipes rugueuses comme Lavelanet, la ligne d'avants stadiste se trouvait en difficulté. Elle disposait certes d'une fameuse troisième ligne mais le cinq de devant, s'il ne manquait pas de vaillance, souffrait de la comparaison des gabarits.

N'empêche que pour moi, tous les joueurs étaient des stars. L'athlète venu de nulle part ne pouvait arriver que sur... les pointes des pieds. Quand on est un inconnu, il faut frapper à la porte et se présenter, quitte à susciter des sourires apitoyés : je me souviens de la mine stupéfaite de la secrétaire du club ; je sus un peu plus tard que j'avais été pris pour un fou.

Tous des stars, à commencer, bien évidemment, par ceux qui étaient connus familièrement dans le milieu comme « les deux blonds ». J'ai eu du mal à cerner Jean-Pierre Rives et je n'ai pas été le seul. Longtemps, j'ai essayé de percer sa vraie nature : il avait une allure de poète et je me demande encore s'il n'en jouait pas. Quand il est devenu papa, tardivement, il a appréhendé l'existence autrement. Sur le terrain, en tout cas, il était un exemple de volonté et d'abnégation pour tous ses partenaires. Après quelques semaines, je ne le regardais plus comme la star du rugby français mais comme un copain. Sa manière d'aborder les matchs demeurait cependant un mystère : jusqu'au coup d'envoi, il affichait une nonchalance déconcertante puis, quand il pénétrait sur la pelouse, il se transformait en une boule de feu. Jean-Pierre a démontré au combat de telles vertus qu'il m'a insufflé le désir d'être moi-même à la hauteur. Pour lui, j'étais prêt à (presque) tout. Je l'ai prouvé à l'occasion de la finale du Tournoi des V Nations 1978, à l'Arms Park de Cardiff : les avants gallois ayant marché sur Jean-Pierre, je me suis précipité sans réfléchir dans le regroupement pour le venger et j'ai donné le seul coup de pied de ma vie à un joueur à terre. Il s'agissait du fameux pilier Graham Price et je croyais l'avoir tué : or, il s'est relevé comme si de rien n'était alors que j'ai eu l'orteil fracturé ! Cela m'a servi de leçon.

Jean-Claude Skrela était moins « starisé » que son compère mais son efficacité n'était pas moins redoutable. Son mode de vie était semblable au mien et il était plus proche des joueurs que Jean-Pierre : rien que de très normal puisqu'il était le capitaine. Entre « les deux blonds » se trouvait un certain Walter Spanghero, un monument de son époque, qui avait signé au Stade la même année que moi. Il terminait en « rouge et noir » un parcours exceptionnel et pourtant, ses jeunes partenaires l'ont décontenancé. En effet, vainqueurs ou vaincus, nous faisions la bringue et Walter ne comprenait pas : il nous prenait pour des dingues ! Lui vivait rugby, respirait rugby : encore un exemple. Je suis incapable de dire lequel de ces trois grands était le plus fort. Jean-Pierre qui, je le répète, avait l'air endormi et se métamorphosait sur le terrain, mettant la tête où personne n'aurait mis les pieds ? Jean-Claude, infatigable, formidable défenseur ? Walter, à la résistance et aux qualités techniques impressionnantes ? Ce que je sais, c'est que je ne voulais surtout pas les décevoir.

Au demeurant, je ne songeais pas, après quelques entraînements, à évoluer en compagnie aussi huppée. J'allais vite, je contournais ou débordais les adversaires mais je ne savais pas jouer. Par-dessus le marché, la concurrence ne manquait pas. En même temps que moi avaient signé Dominique Harize, qui venait d'être sacré international en Afrique du Sud, et Jean-Pierre Desplan, international junior quant à lui. La licence rouge dont ils avaient hérité en quittant respectivement Cahors et le TOEC les condamnait à opérer provisoirement en Nationale B. Les trois ailiers recrutés se trouvaient donc en équipe réserve et c'est Dominique qui jouait au centre.

J'ai eu l'honneur d'être le premier appelé en équipe fanion. En novembre 1975, cinq mois après avoir découvert le stade Wallon, j'ai été convoqué par l'entraîneur Jean Gajan, dont le fils Christian reprendrait plus tard le flambeau. Jean avait porté les couleurs de Lourdes et du TOEC, puis il avait entraîné le Racing Club de France et le PUC quand il exerçait son métier de prof de gym en région parisienne. De retour dans notre région, il avait été sollicité par le Stade

Toulousain. Il se trouve que l'ailier Christian Massat, qui fit plutôt carrière au centre et à l'ouverture, avec lequel je devais entretenir d'excellentes relations et qui devint président du club, était indisponible, et Gajan avait décidé de me donner ma chance. Moi qui n'avais disputé que le match sous fausse licence avec le TCMS et quelques rencontres avec la Nationale B, je me retrouvais titulaire en première à l'occasion d'un déplacement à Grenoble pour le compte du challenge Du-Manoir, en novembre 1975. Clin d'œil du destin : mon vis-à-vis était Jean-Pierre Clerc, père de Vincent, mon futur gendre ! Je ressentais l'immense honneur qui m'était fait mais sans pour autant être gagné par la fièvre : durant toute ma carrière, je n'ai jamais connu le stress. Je redoutais seulement de mal faire, de rater ou de perdre un ballon. Pour être digne de la confiance qui m'avait été accordée, j'ai endossé l'habit du combattant. J'étais prêt à en découdre avec n'importe qui, dans n'importe quelles conditions. Mes coéquipiers n'ont pas tardé à le constater. Quelque temps après mes grands débuts en Isère, qui s'étaient soldés par une nette victoire, le Stade Toulousain se déplaçait à Tulle. C'est ce match qui a validé, je crois, mon intégration à l'équipe première. Je me suis accroché avec Ayral, le très costaud troisième ligne du club corrézien, et je me suis battu avec toute mon énergie. Le pugilat m'a semblé durer une éternité et il s'est terminé sur la piste cendrée. Heureusement, les cartons rouges n'existaient pas et les expulsions étaient rares... Je ne sais pas si la manière était la bonne mais j'ai prouvé là que j'avais du tempérament et montré à mes partenaires qu'ils pouvaient compter sur moi.

Le jeu dur était partie intégrante du rugby d'alors : aux yeux de la majorité des pratiquants et des spectateurs, un match sans bagarre n'était pas un vrai match. Les bornes étaient trop souvent dépassées. Un jour, en Avignon, les coups pleuvaient. Nos avants étaient bousculés et le centre Philippe Barrère, un charmant garçon, en pleurait de rage. Robert Labatut avait eu l'oreille arrachée, Jean-Pierre Rives avait été sonné mais il avait confirmé son courage et révélé son punch en assommant un adversaire. Nous l'avons emporté sur un drop de Christian Massat. Une autre fois, à Graulhet, je me suis couché sur un ballon et Daniel Revallier, glissant sur la boue, est arrivé les deux genoux en avant : il m'a fracturé quatre côtes. Le soir, il est passé me voir à l'hôpital mais il n'a pas été le bienvenu. Je n'ai pris conscience que bien plus tard du danger que j'avais couru sur de tels épisodes.

Mon caractère impulsif m'a conduit à en découdre aussi en dehors du terrain. Avant un match à Agen, un spectateur perché sur un arbre ne cessait de m'insulter durant l'échauffement ; j'ai ramassé un caillou et le lui ai jeté : il est tombé de l'arbre, puis s'est enfui en courant. Il m'est arrivé d'escalader le grillage, en compagnie de Serge Gabernet, pour aller m'expliquer avec des types qui nous avaient pris à partie pendant le match...

Même terni par des violences qui, heureusement, n'ont plus cours, le rugby a toujours été un sport éminemment formateur. Il procure de la confiance en soi et développe

de nombreuses facultés, pour peu que l'éducateur soit de qualité. Tel était le cas de Jean Gajan. Malheureusement, la maladie l'obligea à se mettre très vite en retrait et il décéda en 1979. Je ne le connaissais que superficiellement car nous ne nous fréquentions que trois fois par semaine, le temps de deux entraînements et d'un match. Je n'ai pris conscience que plus tard de la dimension du personnage. Il a quand même eu le temps de marquer mon parcours : c'est lui qui m'a lancé, qui m'a appris à plaquer, qui a forgé mon caractère. Sa méthode était implacable : si j'avais loupé un plaquage le dimanche, il alignait, au début de la séance du mercredi, les huit avants face à moi et je devais les faire tomber l'un après l'autre.

Dès ma première saison, j'ai donc connu deux entraîneurs, puisque Claude Labatut prit le relais de Jean Gajan. Nul ne sait jamais si un changement de coach est une bonne ou une mauvaise chose. Claude, je l'avais aperçu à Mauvezin car il était l'entraîneur de mon frère, mais Jean-Claude ne m'avait jamais rien dit de lui. Je savais qu'il était un avant-aile de devoir dans le pack toulousain finaliste en 1969 et qu'il en était l'organisateur. J'ai découvert Claude par moi-même. L'entraîneur d'abord : un gueulard, capable de hurler jusqu'à vous faire craquer, en même temps un grand sensible. Il était seul aux commandes. Les adjoints, les préparateurs physiques, les analystes vidéo, les kinés : rien de tout cela n'existait, Claude faisait tout tout seul, révélant sans fard sa dimension technique et stratégique. L'homme ensuite : il m'a fallu du temps pour faire sa connaissance. Nous ne vivions pas au rythme de deux entraînements quotidiens, nous nous côtoyions seulement le dimanche soir, après le match.

Cette saison-là, ma première en Nationale, le Stade Toulousain a frôlé la catastrophe. Le championnat de France de première division était disputé par 80 clubs mais ils étaient répartis en deux groupes : le groupe A, qui qualifiait 25 clubs pour la phase finale, constituait la véritable élite tandis que le groupe B, qui n'en qualifiait que sept, était une deuxième division refusant de dire son nom. À la suite d'incidents contre Valence aux Ponts-Jumeaux, le Stade avait vu son capital points amputé de quatre unités et il s'était retrouvé au bas du classement. Le dernier jour des poules, il lui fallait gagner à... Valence pour assurer le maintien en groupe A. Nous avons perdu (10-4) mais un match nul de Perpignan à Tulle a précipité les Corréziens en groupe B à notre place. Le destin du club rouge et noir s'est peut-être joué sur ce verdict.

Après avoir poussé un grand ouf de soulagement, nous avons reporté nos ambitions sur le challenge Du-Manoir. Elles ont été vite déçues puisque, dès les huitièmes de finale, nous avons été éliminés par Narbonne, grosse cylindrée des seventies. Cependant, la défaite (25-15) a été honorable et nous avons réalisé que nous pouvions rivaliser avec les meilleurs. Sur un match, cela ne faisait pas de doute, mais notre souci était d'exister sur la durée. Nous étions conscients que, pour y parvenir, nous avions besoin d'individualités à certains postes. Alors, nous pourrions partir à la conquête d'un titre. En attendant, l'hégémonie de Béziers se poursuivait.

À titre personnel, cette saison ne risquait pas de remettre mes choix en question. Les études marchaient bien, le rugby aussi : ainsi la crainte de l'avenir s'était-elle dissipée. J'étais comblé par l'esprit d'équipe régnant au Stade Toulousain et j'éprouvais de belles satisfactions sur les terrains. Je courais vite, souvent et longtemps, je n'étais jamais fatigué. Ces qualités me mettaient en valeur dans un rugby qui offrait de grands espaces. J'affectionnais les courses en travers, je partais d'une aile et débordais sur l'autre, après avoir contourné les défenseurs. Au XXIe siècle, celui qui passe un premier adversaire doit s'attendre à se faire cueillir par le second. Il existe heureusement des exceptions, la plus remarquable étant certainement Cheslin Kolbe, capable d'actions et de gestes incroyables.

Pour ce qui me concerne, je ne me considérais pas comme un intrus au milieu des internationaux Skrela, Rives et Harize mais je ne faisais guère cas de la réputation que j'étais en train d'acquérir. J'en étais toujours à prouver que je pouvais suivre les brisées de mon frère. Jean-Claude a été témoin de mon ascension au Stade Toulousain. Pas plus jaloux qu'idolâtre, il l'a regardée avec une fierté que son tempérament réservé lui interdisait de manifester. De la même façon qu'il filmait mes courses, il assistait à mes matchs, que ce soit dans les tribunes ou, le plus souvent, devant la télévision. Il a toujours été mon supporter, il a toujours répondu présent quand j'avais besoin de lui. Nous avons toujours vécu côte à côte et l'un a toujours respecté l'intimité de l'autre. Quand le baromètre est au beau fixe, Jean-Claude se met en retrait et il veille sur les siens. Nous pouvons très bien passer un mois sans nous voir et nous retrouver soudain comme si nous nous étions quittés la veille. Nous avons eu une trajectoire différente mais nous sommes voisins et nous avons construit ensemble nos deux maisons.

Au cours de cette saison, Raoul Barrière, l'entraîneur du grand Béziers, déclara que je ne tarderais pas à être appelé dans le XV de France. Je confirme que je cherchais d'abord à faire ma vie, ensuite à m'éclater avec mes copains du rugby. Je ne me voyais pas un destin international. Et pourtant...

3

D'UN FRANCE-GALLES À L'AUTRE

Le 20 octobre 1976, presque un an après mes débuts en Nationale, j'étais convoqué à Tarbes, au sein d'une sélection française qui affrontait les Australiens en tournée. Dans les seventies, les ailiers touchaient beaucoup moins de ballons que ceux de l'ère professionnelle. Pour peu qu'un gars coure vite, qu'il effectue de bons replis et qu'il assure la réception des chandelles, il pouvait être inscrit sur les tablettes des sélectionneurs. N'empêche que tout était allé si vite, trop vite pour que je puisse réaliser.

En revanche, je réalisais fort bien que mon adversaire direct était un gaillard de 100 kg, un certain Batch : j'étais impressionné, un tel gabarit pour un ailier étant alors exceptionnel. En même temps, j'étais « remonté », je m'étais préparé à jouer ma meilleure partition, sans me demander si j'étais là pour me familiariser avec le plus haut niveau ou pour prouver ma valeur. C'est bien connu : dans ce genre de match, les gars pensent à leur carrière, ils jouent davantage pour eux que pour l'équipe, laquelle n'est qu'une mosaïque d'individualités.

Toujours est-il que nous l'avons emporté (16-7) et que j'ai dû tirer mon épingle du jeu puisque je fus promu en France B pour aller défier les Gallois à Pontypool trois semaines plus tard. Ce 14 novembre, nous avons été nettement battus (24-6) mais j'ai continué à bénéficier d'un préjugé favorable de la part des sélectionneurs. Et j'ai reçu la récompense suprême pour l'ouverture du Tournoi des V Nations 1977 ! Être retenu pour ce France-Galles qui déchaînait plus que jamais les passions était un honneur insigne ; être opposé à Gerald Davies, l'un des meilleurs ailiers de l'histoire, était un honneur redoutable. L'année précédente, Gallois et Français s'étaient livrés un combat épique qui avait valu aux « Diables rouges » le grand chelem et aux Tricolores leur seule défaite, mais les Gallois avaient tremblé jusqu'au bout dans leur légendaire Arms Park. C'est pourquoi l'édition 1977, qui comptait pour la deuxième journée du Tournoi (la France était exempte de la première), était présentée comme la finale et les billets s'arrachaient à prix d'or. J'étais le seul bleu de ce XV de France qui alignait un pack monumental, placé sous la direction de Jacques Fouroux que les sélectionneurs avaient définitivement préféré à Richard Astre. L'équipe avait été formée à Toulouse le 26 janvier, le match tombait le jour même de mon 23e anniversaire et mes parents habitaient à côté de la rue... des Gallois : autant d'heureux présages pour le débutant.

Hélas... Le dimanche précédant le choc de l'année, nous rencontrions Perpignan en challenge Du-Manoir et j'ai été victime d'une double entorse de la cheville. Certes, je suis « monté » à Paris avec mes copains Jean-Claude, Jean-Pierre et Dominique, certes j'ai participé aux entraînements, au club Shell à Rueil-Malmaison, mais je savais que les carottes étaient cuites. Deux jours avant le match, j'ai déclaré forfait et le Voultain Jean-Luc Averous a été rappelé. Les mousquetaires toulousains n'étaient plus que trois et, pour moi, le train de l'histoire était passé. Car le XV de France allait châtier les Gallois et accomplir un exploit qui restera à jamais inégalé : réaliser le grand chelem à 15 joueurs.

Je ne saurai jamais quelle aurait été ma contribution à l'événement mais je sais que Jean-Luc Averous signa d'excellentes prestations.

Rapidement rétabli, je me suis retrouvé en France A' dès le 20 février, contre l'Allemagne à Auxerre : un match à 50 points où j'ai inscrit facilement trois des neuf essais français. Plus facile encore a été, un mois plus tard, notre match de Casablanca contre le Maroc, avec 70 points à la clé. J'attendais mon heure et je l'ai cru venue quand j'ai été retenu pour la tournée de juin en Argentine. Ayant à passer à Wattignies, comme tous les élèves des CREPS du pays, le concours pour devenir professeur adjoint, je devais laisser partir l'équipe de France sans moi et la rejoindre une semaine plus tard.

Avec mon pote Patrick Boudet, nous nous sommes rendus dans le Nord en voiture car, après le concours, Patrick devait me conduire à l'aéroport de Roissy-Charles-de-Gaulle afin que je prenne l'avion pour l'Argentine. À Wattignies, nous avons été rejoints par Gérald Martinez, demi de mêlée et boute-en-train du Stade Toulousain. Sans se préoccuper du concours du lendemain, ou plutôt du jour même, Gégé a passé la nuit dehors en Belgique. Après les matchs, nous faisions la nouba ensemble mais cette fois, mon compère a eu la pudeur de ne pas m'inviter à le suivre : il savait ce que représentait pour moi cette échéance, il avait la certitude que je refuserais catégoriquement de réduire à néant tous les sacrifices consentis par mes parents... et par moi-même. À mes yeux, Gégé était une bête curieuse, son mode de vie me décontenançait. Bien sûr, il s'est présenté au concours et, bien sûr, il ne l'a pas eu ; ce qui ne l'a pas empêché de réussir plus tard. Moi, j'étais prêt pour ces deux jours d'épreuves, à la fois théoriques et pratiques. Sur 400 mètres, seul le temps était pris en compte pour la note. Michel Laurent, futur kiné du Stade Toulousain, était au départ avec moi. Il avait décidé de calquer sa course sur la mienne mais, au bout de 200 mètres, il a explosé. Quand j'ai coupé la ligne, en 48", il était encore dans le virage ! Bien des années plus tard, à l'occasion de déplacements avec le Stade, j'ai entendu Michel raconter la suite : pendant que deux examinateurs le soumettaient à l'épreuve orale, je me suis élancé pour un 200 mètres où nous étions notés sur la technique et les deux examinateurs se sont désintéressés de Michel pour regarder ma course...

À Wattignies, tout s'est bien passé pour moi et j'ai pu partir serein au pays des Pumas.

Le programme des tournées veut que les visiteurs soient opposés à des équipes de province avant les test-matchs. Je n'étais pas de la rencontre inaugurale à Buenos Aires contre une sélection de l'endroit. J'ai été titularisé à Salta contre une sélection de l'intérieur et de nouveau à Buenos Aires face aux meilleurs éléments de la capitale. Alors que nous nous acheminions vers un succès sans problème, Jean-Michel Aguirre a tenté une relance et, estimant qu'elle était vouée à l'échec en raison de la montée de la défense, il a préféré me servir plutôt que de dégager au pied. J'ai reçu sa passe alors que j'étais collé à la ligne de touche et je ne pouvais que botter. Mon pied était en l'air quand le troisième ligne centre argentin m'a sèchement plaqué : il m'a écrasé au sol, j'ai ressenti une douleur atroce ; il m'a semblé que mon rein avait éclaté, je ne pouvais plus respirer. Jean-Claude Skrela, qui était capitaine, n'a pas été tendre avec moi : « Ou tu reprends le jeu ou tu quittes le terrain. » Je me suis relevé, j'ai continué à jouer, j'ai même marqué un essai à dix minutes de la fin. Mais, de retour au vestiaire, j'ai pissé du sang ; la douleur était insupportable, j'étais à deux doigts de m'évanouir. J'ai été transporté à l'hôpital et les examens ont confirmé qu'un rein était endommagé. L'opération a été évitée mais la tournée était évidemment terminée pour moi. J'ai été contraint à quatre mois d'inactivité, le temps que le rein cicatrise.

C'est en de telles circonstances que les hommes révèlent leur nature : Jean-Claude Skrela est resté à mon chevet au lieu de rejoindre la troupe. L'année suivante, de la tournée au Japon et au Canada, j'ai ramené pour lui une montre Seiko avec calculatrice intégrée.

Mon premier match avec le XV de France, le destin a voulu qu'il ait pour cadre le Stadium toulousain, le 11 novembre de cette même année 1977, jusque-là maudite. Je n'ai aucun souvenir des péripéties qui aboutirent à ma sélection mais je me rappelle fort bien les sentiments, divers et contrastés, qu'elle me fit éprouver au fur et à mesure que l'échéance approchait. Je me suis demandé si j'étais apte à affronter les All Blacks. Les qualités qui m'avaient permis d'en arriver là ne suffiraient peut-être pas face à la meilleure équipe du monde : j'étais rapide, difficile à stopper mais je n'en étais pas moins un débutant qui avait encore beaucoup à apprendre et tout à prouver. Et puis, il me semblait qu'avec cette consécration internationale se réalisait davantage le rêve de mon proche entourage que le mien. Je n'étais pas conscient de représenter le pays : c'était à ma famille et à mes amis que je souhaitais d'abord faire honneur, à mon club et à ma région. En ce temps-là, la fidélité à un club n'était pas un vain mot. Je ne crois pas qu'il en soit encore ainsi...

Je jouais presque dans mon jardin mais mon vis-à-vis était plus redoutable encore que le Gallois Gerald Davies. Il s'agissait de Bryan Williams, l'ailier néo-zélandais le plus capé de l'histoire. Premier Samoan à avoir porté le fameux maillot frappé de la fougère, il avait des cuisses comme des troncs d'arbre et il semait la terreur dans toutes les défenses. À cause de lui, j'ai passé une mauvaise nuit avant le test mais je n'ai pas pour autant appréhendé la confrontation. À quelques minutes de la fin, Jean-Michel Aguirre et moi avons conjugué nos efforts pour renverser le bulldozer : Williams a eu la hanche luxée et il a quitté le terrain sur une civière. La performance de nos avants et la botte de Romeu nous ont valu la victoire (18-13) mais les Blacks ont pris leur revanche le samedi suivant, au Parc des Princes.

Cette équipe de France, baptisée « la bande à Fouroux », avait la réputation de vivre repliée sur elle-même. Je dois dire que j'y ai été accueilli chaleureusement. D'emblée, les joueurs m'ont fait sentir que j'étais l'un des leurs, je n'ai jamais été traité par les Fouroux, Romeu, Bertranne, Aguirre et Sangalli avec un air de condescendance. Deux ans plus tard naîtraient les Barbarians français, dont les « chelemards » de 1977 seraient les membres fondateurs. Ils avaient été mes partenaires et j'ai été catalogué comme opposant, alors que je n'ai jamais formulé le moindre grief contre eux. Je crois que ma façon d'aborder les matchs, en tant que joueur, puis en tant qu'entraîneur, ne ressortissait pas à « l'esprit Barbarian », si tant est que ce dernier puisse être clairement défini. S'il s'agit de faire une virée la veille de la rencontre pour cimenter un collectif, alors il est vrai que je n'adhère pas à cette démarche. J'ai toujours mis en avant les vertus du combat et de la rigueur, une préparation récréative donnant très rarement un bon résultat. Peut-être aussi à cause de mon caractère pas toujours commode, j'ai été tenu très longtemps à l'écart de ce club si particulier. Jusqu'en 2010, jusqu'à ce que je devienne, à l'instigation de Serge Kampf, l'homme grâce auquel les Barbarians existaient et avec qui j'étais lié depuis longtemps, l'entraîneur du BRC pour un match contre le Tonga. La veille du match, je me suis adressé aux joueurs pour leur expliquer quel comportement j'attendais d'eux. Au dîner, Jean-Pierre Rives est intervenu en tant que président et il a recommandé aux mêmes joueurs de partir en soirée ensemble : je me suis mis en retrait.

En 1977, en tout cas, la bande à Fouroux ne gagnait pas ses matchs la fleur à la boutonnière. « Le petit Napoléon » n'acceptait que des braves et j'ai eu le privilège de servir sous ses ordres. Pas longtemps, malheureusement. Jacques était, en dépit de ses 162 centimètres, un immense personnage. Avec un charisme irrésistible, il exerçait une véritable fascination sur ses interlocuteurs ; sur le débutant que j'étais, bien sûr, mais aussi sur les « gros », les avants de 110 kg et plus qu'il menait à la baguette. Je l'ai vu, à Rueil-Malmaison, endoctriner pendant une heure un garde républicain venu déposer un courrier et réussir à le faire défiler ! Nul ne pouvait se douter qu'un mois après notre victoire sur les All Blacks, « le petit Napoléon », notre grand chef, tirerait sa révérence. Le 20 décembre, à Clermont-Ferrand, dans le vestiaire du stade Michelin où nous nous préparions à affronter les Roumains, j'ai vécu un moment de grande émotion quand Jacques nous a annoncé sa décision de renoncer au XV de France, en raison d'un différend avec Élie Pébeyre, nouveau patron de la sélection. Il nous a demandé de garder le secret et le secret a été bien gardé, jusqu'au moment rituel des discours, lors du dîner d'après match. Dans cet exercice aussi, Jacques était passé maître et sa péroraison fit de ses adieux une dramatique inoubliable. Pour notre part, nous n'avions pu lui offrir, pour sa der avec le maillot qu'il avait défendu avec tant de ferveur, qu'un maigre succès (9-6), après avoir fait une haie d'honneur à son entrée sur la pelouse.

J'étais international mais il me restait à disputer le Tournoi des V Nations, cette compétition si prestigieuse qui était pourtant sans statuts, sans trophée et qui ne départageait pas les ex aequo au classement. Enfant, je confondais le Tournoi avec les commentaires de Roger Couderc, puis, inévitablement, le mythe s'est imposé quand j'ai commencé à pratiquer. Celui qui rentre chez moi ne verra aucune photo de rugby aux murs. Il faut se rendre dans la chambre d'amis pour en découvrir deux, presque dissimulées derrière des bibelots, mais pas choisies par hasard : l'une me représente durant les hymnes avant d'affronter les All Blacks au Stadium toulousain, l'autre en action à l'Arms Park de Cardiff en 1978. J'ai raconté dans quelles circonstances j'avais loupé le coche en 1977. En 1978, j'ai dû attendre le tout dernier match, après avoir éprouvé une sévère déconvenue qui ne serait pas la dernière. Le point de départ de ma fâcherie est le France-Roumanie de Clermont-Ferrand. Le Bagnérais Jean-François Gourdon, retenu à l'aile droite, avait déclaré forfait et le... gaucher Jean-Luc Averous avait été appelé en remplacement. Moi qui étais également un pur gaucher, j'avais été prié de changer de côté, ce que j'avais accepté sans la moindre objection. Or, pour l'ouverture du Tournoi contre l'Angleterre, Gourdon a été rappelé, Averous conservé et moi, je suis resté à la maison ! Je n'ai eu droit à aucune explication, les sélectionneurs ne jugeant pas utile d'en fournir à quiconque à cette époque. Je pense qu'Averous et Bilbao n'ont pas dû en avoir davantage quand ils ont été remerciés après la victoire sur l'Irlande, la troisième obtenue par l'équipe de Jean-Pierre Bastiat, successeur de Fouroux au capitanat. Bustaffa et moi, qui avions disputé les deux tests de novembre contre la Nouvelle-Zélande, avons été réintégrés pour le tout dernier match, mais quel match ! Encore contre les Gallois, encore pour la finale du Tournoi, encore grand chelem en jeu !

Avant de rentrer sur le terrain, selon mon habitude, j'ai pensé à ma famille, à mes amis. J'ai même réussi à apercevoir mes parents dans l'immense tribune : pour eux, je voulais être à la hauteur. Je ne sais pourquoi, ce jour-là, les Bleus avaient mis un short noir : il ne nous a pas porté bonheur. Même si, en début de partie, Jean-Claude Skrela inscrivit un essai en force, comme il l'avait fait au Parc des Princes l'année précédente, Edwards et Bennett, les prodigieux demis gallois, surent renverser la vapeur et offrir un nouveau grand chelem au peuple qui les vénérait. Pour ma part, je n'ai pas été mécontent de mon match. Je répète qu'un ailier, à l'époque, n'avait guère d'occasions de s'exprimer : je me souviens avoir délivré un coup de pied de recentrage, repris par Skrela, qui avait mis les Gallois en difficulté. J'avais également fait bonne garde sur mon vis-à-vis JJ Williams, superbe ailier gauche qui avait été transféré à droite en raison du forfait de Gerald Davies.

Le Stade Toulousain étant parvenu en demi-finale du championnat, j'ai vécu une saison riche mais éprouvante et j'ai pensé pouvoir prendre un peu de bon temps en tournée. La rituelle expédition estivale – celle-ci était exceptionnellement programmée en septembre – avait comme destinations le Japon et le Canada. J'avoue qu'avec mon compère de Carcassonne Daniel Bustaffa, nous nous sommes conduits en garnements. Oh, rien de grave mais nous faisions constamment des blagues et je conçois que les responsables, à commencer par le président Ferrasse qui était le directeur de la tournée, aient été irrités par mes farces un peu bébêtes, du genre déambuler dans l'aéroport avec une pancarte réclamant des ballons pour les ailiers : il est vrai que nous en touchions si peu...

Je sentais bien que le staff, que l'on appelait alors l'encadrement, avait une envie folle de me renvoyer chez moi, mais j'étais le meilleur marqueur de la tournée... Je confesse que le manager que je devins n'aurait pas admis le comportement du joueur que je fus. Cet aveu mérite toutefois d'être nuancé : j'ai dirigé des professionnels alors que j'ai pratiqué en amateur. Poser des congés pour pouvoir effectuer une tournée était monnaie courante. En Argentine, je crois que nous percevions 12 francs par jour (moins de 2 € !) au titre de ce que le président Ferrasse appelait le manque à gagner, toute rémunération étant officiellement interdite. De mon point de vue, il était ridicule de partir aussi loin si c'était pour se morfondre. Se livrer à fond pendant deux mi-temps n'empêchait pas de respecter la tradition sacro-sainte de la troisième. Aux joueurs pros, la fête n'est pas permise. Ils sont tenus à une hygiène de vie très rigoureuse, sous peine de ne pouvoir s'entraîner matin et soir. Le moindre excès laisse des traces visibles et le joueur paie immédiatement, dans tous les sens du verbe, le moindre écart. Désormais, il est inconcevable qu'un joueur sorte la veille d'un match.

Au Canada, il m'est arrivé, en semaine, de faire le mur en compagnie de Daniel Bustaffa, tout simplement parce que nous avions le cafard. Florian Fritz n'a rien inventé ! Dès que ce garçon a commencé à jouer au Stade Toulousain, je me suis retrouvé en lui. En tant que professionnel, il a parfois mérité les reproches de son manager, mais je l'aimais bien et ne pouvais que le comprendre ! Au demeurant, il m'a toujours respecté, comme les autres garnements à qui j'ai eu affaire et qui ne m'ont jamais importuné longtemps. Sur un quart de siècle, je n'ai pas eu beaucoup de problèmes avec les joueurs que j'ai dirigés. Le pilier italien Lo Cicero figure parmi les exceptions qui ont confirmé la règle. Contraints de parer au plus pressé quand Califano a annoncé son départ, nous n'avons pas eu le temps de nous renseigner sur l'état d'esprit de son successeur.

À 20 ans, tout en faisant la fête, j'étais déjà intransigeant sur certains principes, sur le comportement. Cette intransigeance m'a conduit à renoncer au XV de France à 25 ans, au mieux de ma forme, très loin en tout cas de l'âge « légal » de la retraite pour un sportif. Au demeurant, quand sonne l'heure de raccrocher, ils sont nombreux à revendiquer une décision qui, en fait, leur a été imposée... Nul ne m'a poussé vers la sortie : j'ai claqué la porte car je n'ai pas admis la malhonnêteté. À tort ou à raison, l'amateur que j'étais n'avait pas envie de supporter des personnes douteuses, d'évoluer dans une ambiance plombée. Je me refuse ici à remettre en cause des compétences ou à salir la mémoire de dirigeants qui ont quitté ce monde. Je dis seulement qu'un contrat moral a été bafoué. La vacherie du Tournoi 1978 avait déjà fait tache, celle du Tournoi 1979 a été de trop.

J'étais titulaire dans le XV de France qui avait obtenu le match nul en Irlande et battu les Gallois à Paris. Au Parc des Princes, j'avais récolté d'emblée une « béquille » et j'avais terminé le match en serrant les dents. Deux semaines séparaient France-Galles d'Angleterre-France, avec une journée de championnat dans l'intervalle. Je n'aurais pas dû jouer à Lourdes mais « Toto » Desclaux, l'entraîneur tricolore, s'était déplacé pour me superviser : j'ai tenu mon poste en me ménageant ; j'avais eu besoin de m'échauffer pendant une bonne heure avant la rencontre. Desclaux a eu l'impression que j'étais opérationnel mais la probité m'interdisait de l'abuser : je lui ai avoué que la douleur était toujours présente et que je ne me sentais pas en état d'affronter les Anglais. Je n'ai jamais oublié sa réponse : « C'est bien, petit. Ne t'en fais pas, on ne t'oubliera pas. »

Le Montferrandais Frédéric Costes a ainsi obtenu ses galons d'international à Twickenham où il a marqué, à quelques minutes de la fin, l'essai qui ramenait la défaite française à 7-6. Costes est devenu l'ailier à la mode, plus encore grâce à son repli du 14 juillet à l'Eden Park d'Auckland, à l'ultime seconde d'un test historique : en effet, pour la première fois de son histoire, le XV de France, commandé par Jean-Pierre Rives, s'est imposé chez les All Blacks. Et les sélectionneurs n'ont pas été longs à constater que le Montferrandais n'offrait pas toutes les garanties en défense...

J'aurais sans doute participé à l'épopée néo-zélandaise si je n'avais tiré moi-même le rideau. Pour le dernier match du Tournoi contre l'Écosse, j'ai été bel et bien oublié et je ne suis pas de ceux qui avalent une telle pilule. Forcément, j'ai craqué.

Le vase était plein. Il a débordé à l'issue d'un match anodin de challenge Du-Manoir dont j'aurais pu être dispensé car nous ne pouvions plus nous qualifier pour la phase finale. Pourtant, Claude Labatut m'a fait jouer et il ne m'a pas épargné tout au long de la rencontre. Je suis sorti du terrain tellement énervé que j'ai convoqué les journalistes pour leur annoncer que je renonçais au XV de France et que je me consacrais uniquement à mon club. Ma carrière internationale n'avait donc duré que quinze mois, mon compteur de sélections resterait bloqué à sept. Je n'ai pas songé que je me privais de la griserie que procure le plus haut niveau, de quelques sélections de plus. Je ne dis pas que je n'ai éprouvé aucun regret par la suite, notamment quand arrivait la période du Tournoi. Mais ma décision était prise et rien ni personne ne pouvait me faire revenir dessus. J'avais, je crois, suffisamment prouvé à mes parents, à mon frère, à mes amis. Mon père ne m'a fait aucune remarque : il a compris que j'accordais désormais la priorité à mes proches et au Stade Toulousain. J'avais une famille et une maison à construire mais j'ai mis un point d'honneur à demeurer à mon meilleur niveau avec le club. À la fin des saisons qui ont suivi, il m'est arrivé, alors que je n'étais donc plus sélectionné, de figurer au sommet de la hiérarchie des ailiers, dans la revue de l'élite à laquelle procédait *Midi Olympique* : j'avoue en avoir tiré fierté.

4

LE PROF

Le chapitre international était donc clos mais le chapitre stadiste n'avait pas fini de s'écrire, tandis que celui de ma vie professionnelle en était à ses premières lignes. Au retour de la tournée en Argentine, j'avais eu les résultats du concours de Wattignies : j'étais reçu. Un an plus tard, à la rentrée 1978, j'ai été nommé prof adjoint dans la banlieue de Toulouse, à Pibrac, au collège du Bois-de-la-Barthe qui ouvrait ses portes. J'ai été titularisé immédiatement. Les sportifs de haut niveau bénéficiaient alors de l'avantage inestimable d'exercer dans leur région, afin de pouvoir poursuivre leur carrière dans le même club. Les premiers temps, j'ai continué à vivre chez mes parents, puis Françoise et moi avons habité une HLM à Colomiers, idéalement située pour elle, qui travaillait à l'hôpital Purpan, comme pour moi. Je n'ai élu domicile à Pibrac que bien plus tard. En 1985, nous avons sauté sur l'occasion qui s'est présentée : un collègue prof de technologie connaissait, à Pibrac, un terrain de 12 000 m^2 à vendre ; la superficie étant trop importante pour son budget, il nous a proposé de diviser la parcelle. Nous avons acheté notre lot avec les économies de mes parents et nous nous sommes voués corps et âme à ce projet. L'état de nos finances m'imposait de construire moi-même notre demeure mais je ne mesurais pas l'ampleur de la tâche.

En deux ans et demi, deux maisons ont été bâties. Celle de mon frère d'abord. Jean-Claude était conducteur de travaux et j'ai été son manœuvre : j'ai fait le béton, posé les briques, rempli les joints. Mon frère m'a montré comment se servir d'une truelle, d'une taloche, d'un fil à plomb, d'un niveau... Une fois dissipée la peur de mal faire, je ne pouvais que m'en sortir. À peine la maison de Jean-Claude terminée, j'ai attaqué la mienne. Le mercredi et le samedi, parfois le dimanche si je ne jouais pas, j'effectuais en jogging le trajet de Colomiers au chantier ; je me mouillais la figure avec le tuyau d'arrosage et me mettais aussitôt à l'ouvrage. J'ai pratiquement travaillé deux ans à ce rythme. Malgré le concours de mon frère et surtout de mon père, constamment présent sur le chantier, j'étais épuisé. Il m'est arrivé de verser des larmes, tout seul dans mon coin. Le mercredi, des élèves venaient me donner un coup de main : ils me faisaient passer les briques. Je ne m'accordais de répit que pour préparer les phases finales du championnat : deux mois avant l'échéance, j'abandonnais le chantier pour me mettre en forme. Je sais bien qu'il est ridicule d'être attaché à des murs, mais on peut comprendre que j'accorde à ma maison une valeur toute particulière.

Dans le même temps, le professeur a pris ses repères. À mon arrivée au collège, je vouvoyais tout le monde : l'éducation que j'ai reçue imposait cette politesse envers les personnes plus âgées. Mes collègues, eux, me tutoyaient, comme s'ils me connaissaient depuis longtemps. J'ai cru voir là une espèce de mépris et, par réaction, j'ai usé à mon tour du tutoiement. Devenu un « senior », je suis vouvoyé et je tutoie : ce n'est nullement de l'irrespect envers mes interlocuteurs ; au contraire, il me semble que je leur fais plaisir.

J'ai commencé à m'investir dans le cadre de l'UNSS[3] : j'ai animé la section athlétisme, comme le souhaitait mon collègue. Au bout d'un an, convaincu du potentiel des élèves, j'ai lancé une section rugby, à laquelle je n'ai pas tardé à m'attacher. Au collège, on ne parlait pratiquement que rugby et les élèves étaient naturellement attirés par l'international que j'étais. Les compétitions UNSS m'ont procuré de grandes émotions, non seulement parce que nous avons remporté quatre titres – pour l'un d'eux, mon fils Vincent était remplaçant –, mais surtout parce que les garçons y mettaient un cœur énorme. Le rugby étant devenu la vitrine de l'établissement, ils étaient placés dans les meilleures conditions : le conseiller principal d'éducation les faisait servir en priorité à la cantine, afin qu'ils puissent s'entraîner plus tôt. Chaque déplacement s'effectuait avec deux bus remplis. Nous avons souvent rencontré les équipes de Serge Gabernet, à la fois coéquipier et collègue puisqu'il était prof à Saint-Lys : nous avons souvent gagné, au point que Serge a pu croire que j'utilisais des joueurs d'une autre catégorie d'âge ; nous nous sommes expliqués un soir d'entraînement, au stade Wallon. J'avais pour mes collégiens une telle affection qu'en 1989, alors que j'appartenais au trio

3. Union Nationale du Sport Scolaire.

d'entraîneurs du Stade Toulousain qui s'apprêtait à conquérir un nouveau Brennus, Villepreux et Skrela ont accepté que je reste avec mes gosses pour préparer leur finale et que je rejoigne les « rouge et noir » au tout dernier moment. Avant le coup d'envoi de la finale Stade-Toulon, j'ai appris que Pibrac était champion et mon bonheur n'était pas moins intense que celui qui allait suivre. Ce doublé s'est répété en 1995.

J'ai éprouvé l'une de mes plus belles satisfactions en voyant d'anciens élèves, qui poursuivaient leurs études au lycée international de Colomiers, se déplacer à Pibrac entre midi et deux pour m'assister à l'entraînement. Des décennies après, je demeure en relation étroite avec nombre d'entre eux ; dans leur branche respective, ils se mettent spontanément à ma disposition. Régulièrement sollicité par le collège après mon départ, que ce soit pour remettre des médailles ou faire faire une dictée au profit de l'association ELA dans le cadre de son action contre les leucodystrophies, j'ai découvert un jour que le proviseur était l'un de mes anciens élèves ! Il n'avait jamais brillé en éducation physique et pourtant, il m'a assuré qu'il gardait un excellent souvenir de son prof : j'en ai été touché. Tel autre, qui se nomme Stéphane Tortorici et vit au Canada, a créé par l'électronique un groupe de soutien quand j'ai été limogé par la FFR : il a réuni 30 000 personnes, parmi lesquelles beaucoup d'autres anciens élèves. J'ose à peine faire état du contenu du message d'Aldric, l'un de mes champions de France devenu ingénieur au sein d'Ariane

Groupe : il m'a confié qu'il avait préféré renoncer au rugby plutôt que d'avoir à faire la comparaison avec un autre entraîneur.

Je n'aimais pas que la compétition, j'aimais aussi le métier en lui-même. Les élèves fâchés avec l'éducation physique ne m'ont pas posé de problème : je faisais dans l'empathie, je considérais leurs insuffisances avec indulgence. Je n'en tenais aucun pour cancre, tous étaient mes élèves. Je me considérais moins comme un prof que comme un accompagnateur, en quête du moindre signe qui serait l'amorce d'une progression. Par exemple, à la corde lisse, je ne perdais pas de temps à louanger les meilleurs ; je préférais l'employer avec ceux qui ne parvenaient pas à grimper.

Beaucoup de mes élèves m'ont tutoyé. En cours, j'étais évidemment vouvoyé mais, quand je changeais de casquette, mon comportement incitait certainement mes joueurs au tutoiement : c'est l'usage dans le monde du sport. En tout cas, le respect n'a jamais manqué. Je n'ai connu qu'un seul échec éducatif : avec un élève, j'ai tout essayé, en vain ; il a fini... en prison. Les réunions avec les parents me plaisaient aussi. Certains venaient rencontrer plutôt le joueur du Stade Toulousain que le prof mais ces entretiens étaient agréables. J'ai regretté de ne voir presque jamais les parents des élèves en sérieuse difficulté : ceux-là ne s'occupaient pas de leurs enfants. Ceux avec qui j'ai échangé étaient les parents des bons élèves...

Les premiers temps, je me suis soumis à l'emploi du temps établi. Petit à petit, j'ai cherché à l'organiser de façon à me consacrer davantage à mon épouse, à mes enfants et au club. Quand j'étais joueur, c'était facile puisque je m'entraînais le soir, une fois la classe terminée. Quand je suis devenu entraîneur, l'affaire s'est compliquée : si je voulais être à 13 heures à Pibrac pour l'entraînement, il me fallait quitter les Sept-Deniers aussitôt après la séance du matin, souvent sans déjeuner, et foncer à toute allure sur la voie rapide : les radars n'existaient pas encore... Les cinq dernières années de ma carrière, j'ai travaillé à mi-temps, onze heures par semaine. J'ai eu alors les coudées franches. J'ai quitté le collège en 2001, avec un pincement au cœur, mais la porte ne s'est pas refermée complètement. Des liens demeurent qui n'ont pas été noués par hasard. Je ne saurais dire si les élèves ont apprécié plutôt le manager ou plutôt le technicien, peut-être les deux ! Toujours est-il qu'en devenant adultes, beaucoup d'entre eux sont devenus des copains : ils passent me voir souvent chez moi, ils m'envoient souvent des photos. Il est vrai que nous avons vécu ensemble des moments merveilleux : nous avons parcouru l'Europe (Italie, Belgique, Grande-Bretagne...), nous sommes allés jusqu'au Canada : le voyage de fin d'année était la récompense que mes collégiens avaient méritée. J'ai la prétention de ne pas seulement leur avoir appris le rugby, mais aussi la vie.

5
L'HÉRITAGE DE CLAUDE LABATUT

J'ai passé vingt et un ans au collège de Pibrac, quarante au Stade Toulousain. Bien sûr, les titres obtenus avec les « rouge et noir » ont eu beaucoup plus de retentissement, mais les deux aventures humaines ont été presque aussi exaltantes.

Dans le rugby, la notion de fraternité s'attache davantage aux avants, qui combattent au coude à coude. Au contraire, dans l'équipe du Stade où j'ai joué, les lignes arrière (Martinez, Gabernet, Harize, Barrère, Laborie, Azon, Massat...) avaient constitué un groupe si soudé que nous l'avions baptisé « la Famille ». Elle n'admettait en son sein qu'un seul avant : le pilier Robert Labatut. Il est entendu que la vraie famille, celle dont chacun est issu et qu'il fonde à son tour, n'a pas d'équivalent. L'appellation que nous avions choisie était pompeuse car puérile : je l'évoque ici en souriant. Elle soulignait toutefois l'envie et le besoin d'être constamment ensemble, de tout partager sur le terrain comme en dehors, d'exprimer une solidarité qui n'était pas un vain mot. J'ai éprouvé des sensations similaires au collège, parmi les enfants. Le jeu dur, je l'ai déjà dit, était partie intégrante du rugby d'alors. Les liens entre équipiers n'en étaient que plus forts et toutes les occasions étaient bonnes pour les renforcer : ainsi les retrouvailles au Billard Club Toulousain une heure avant les matchs, les bringues systématiques après. Le rugby était le socle de notre existence, non seulement le jeu mais aussi son environnement. Dans « la Famille », chacun avait un surnom. Moi, j'étais « le Gitan », tant pour mes bacchantes et mes cheveux bouclés que pour ma fidélité au clan. Je crois que c'est Jean-Claude Skrela qui m'avait surnommé ainsi.

Quand il m'accueillit dans ses rangs, le Stade Toulousain bataillait pour le maintien dans l'élite. Deux ans après, il parvenait en demi-finale, quatre ans après, en finale. Cette montée en puissance a été le fruit du travail de Claude Labatut, qui a forgé un état d'esprit. En effectuant un recrutement judicieux, il a construit une équipe capable de rivaliser avec la meilleure : Béziers, dix fois champion de France en quinze ans ! Effectivement, en 1978, nous avons frôlé l'exploit, à savoir accéder à la finale au détriment du champion. Après trois ans passés à Tahiti, Pierre Villepreux était revenu à Toulouse. Il n'avait pas résisté à l'envie de se dégourdir les jambes en équipe 3 puis, au printemps et à la demande pressante des Labatut, Skrela, Rives et Martinez, il avait accepté de réintégrer l'équipe fanion, à deux journées de la fin de la phase préliminaire. Il avait cédé à deux conditions : évoluer au poste de demi d'ouverture et être exempté des tâches défensives ; de ce côté-là, « les deux blonds » lui avaient donné toutes les assurances et une organisation spéciale avait été mise en place pour protéger le doyen. Tous les joueurs avaient adhéré car Pierre était pour nous un exemple et ses talents de meneur de jeu ne pouvaient que procurer à l'équipe une dimension supérieure.

Par-dessus le marché, il a repris ses prérogatives de buteur et nous avons successivement éliminé Bègles, Romans et Bagnères avant de nous retrouver à Bordeaux en demi-finale. Face à Béziers et à ses monuments, le Stade s'est comporté plus qu'honorablement, ne s'inclinant que de trois petits points (12-9). La déception qui accompagne toute défaite a primé la satisfaction d'avoir accompli un tel parcours et tenu la dragée haute aux Biterrois. Car le champion allait conserver son titre en réalisant un final somptueux contre Montferrand. Selon moi, le seul tort de l'ASB a été de ne pas préparer l'avenir, en sorte que l'amorce de son déclin annonçait une chute irrémédiable. Cette équipe aura quand même marqué à jamais les acteurs et spectateurs des années 70 et 80 et je veux dire toute mon admiration devant cette formidable machine, tout mon respect envers Raoul Barrière qui sut élaborer un système d'une redoutable et durable efficacité.

En 1979, une sciatique paralysante m'a privé de la phase finale, qui s'est achevée en quarts de finale contre Montferrand, mais la saison 1979-1980 a compensé avantageusement. Claude Labatut était alors au sommet de son art. Il travaillait à partir de cassettes vidéo, c'était un précurseur et tous les joueurs ont suivi le guide. En phase finale, son approche technique et stratégique a été remarquable, elle nous a permis de nous débarrasser de Bègles, Agen, Bayonne et Brive et de parvenir en finale… contre Béziers. Le Parc des Princes, je l'avais connu avec le XV de France : y retourner avec les copains conférait à l'événement une toute autre dimension. Mes parents et mon épouse étaient dans la tribune, ainsi que mon beau-père Philippe Lamouroux et mon ami Claude Hélias, venu de Toulouse en voiture avec des potes du collège. Les équipes ont été présentées à Valéry Giscard d'Estaing qui est également venu nous saluer au vestiaire après le match. Je me suis permis d'aborder le président de la République pour lui demander une faveur : intervenir pour que soit exaucée la demande de mutation dans la région toulousaine de Jean-François Icard, alors enseignant à Paris. Et Jean-François a été muté ! Je n'ai pas appris sans émotion, presque trente ans après, que Maks van Dyk, le pilier sud-africain du Stade, avait demandé la nationalité française au président Macron lors de la présentation des équipes avant la finale : j'ai aussitôt songé à celle de 1980, en même temps qu'à mon grand-père. Le Stade a disputé tant de finales que j'ai pu serrer la main des autres présidents, sur la pelouse avant le coup d'envoi ou au vestiaire ; quand j'étais manager du XV de France, nous avons reçu la visite de François Hollande au CNR de Marcoussis. J'ai aussi dîné avec le prince Albert de Monaco. Je ne tire aucune gloire de ces brèves rencontres mais elles ont toutes été fort agréables.

Cette finale 1980, Claude Labatut l'avait préparée minutieusement : le mot d'ordre était d'accélérer le jeu à tout prix et c'est pourquoi l'entraîneur m'avait demandé de remettre en jeu rapidement à chaque sortie en touche, c'est-à-dire avant que l'alignement soit constitué. Dans la stratégie de notre coach étaient contenues les prémices du fameux jeu à la toulousaine. Le pack de Béziers était lourd et Alain Estève, sa figure de proue, avait largement dépassé la trentaine. Les coups de pied de Fort et de Cantoni étaient destinés à économiser les avants de Paco, lesquels se déplaçaient le moins possible mais se positionnaient de telle sorte qu'ils contrariaient les ambitions de relance.

Notre plan a bien failli réussir. Après une mi-temps de domination, par sa mêlée notamment, Béziers a perdu de sa superbe, y compris dans la conquête, car nous avons fait flèche de tout bois. Sur la fin, les Héraultais étaient à bout de souffle, nous les sentions à notre merci. Ils sont quand même parvenus, in extremis, à colmater les brèches. Jusqu'à cette ultime attaque au bout de laquelle s'est sans doute joué le titre : l'essai semblait imparable quand Harize, après avoir fait la différence, a servi Gabernet en position d'ailier droit, mais notre arrière n'a pu contrôler cette balle de match. Béziers l'emportait encore, de quatre points cette fois (10-6), l'écart d'un essai. Le dénouement dramatique a gravé dans les mémoires l'essai qui se refusa à Gabernet mais c'est un autre essai, bel et bien pointé celui-là, qui a douloureusement marqué ma première finale. Il a été signé, après quelques minutes de jeu, par mon vis-à-vis Michel Fabre qui m'a crucifié d'un terrible crochet intérieur. Tout le monde a loupé un plaquage dans sa carrière, voire plusieurs, mais laisser passer son adversaire direct en finale met en rage. Je m'en suis voulu longtemps et j'ai fini par me dire que tout le monde avait le droit de réussir un joli coup, non ?

Je ne me souviens pas des mots de Claude Labatut au vestiaire, il était aussi malheureux que nous. En revanche, je me souviens du retour dans la ville rose, de la foule massée sur notre trajet. Notre prestation avait fait vibrer les Toulousains, sevrés de finale depuis onze ans, et ils étaient fiers de nous. J'ai constaté plus tard qu'une succession de titres mobilisait, logiquement, moins de supporters. En tout cas, ce revers a nourri notre résolution de revenir en finale. Je ne m'en suis pas aperçu tout de suite mais il a décuplé chez moi la volonté de remporter le titre, d'abord comme joueur, puis comme entraîneur.

Là-dessus, Claude Labatut s'est retiré, laissant en héritage une identité de jeu retrouvée qui m'a marqué pour toujours. À Toulouse comme ailleurs, l'évolution du rugby, à commencer par celle des règles, a imposé un changement des méthodes mais l'ADN stadiste est resté le même, à savoir la prise d'initiative intelligente, de préférence au fond du terrain. La condition sine qua non est que le joueur sache juger de l'opportunité du moment, à deux contre deux par exemple. Un Clément Poitrenaud a excellé dans ce registre : il effaçait le premier défenseur et décalait son ailier.

Le « jeu à la toulousaine », au même titre que l'offensive en général, était jadis incarné par les trois-quarts, image réductrice cantonnant les avants dans un rôle de pourvoyeurs. L'ailier que j'ai été n'a jamais perdu de vue qu'il fallait un pack dominateur pour que les attaquants touchent des ballons et les négocient en avançant ; en même temps, il a toujours été convaincu que le soutien permanent des avants était nécessaire à la réussite d'une offensive. Parce que le temps de jeu effectif y avoisine les quarante minutes, le rugby du XXIe siècle exige un replacement incessant de tous. Il suffit qu'un joueur reste à terre une seconde de trop pour faire avorter un mouvement. Dans l'idéal, il faudrait carrément rebondir comme une balle pour se replacer, alors que les avants du temps jadis le faisaient en marchant. Au Stade, en tout cas, quand un joueur prend une initiative, les quatorze autres devinent presque ce qu'il va réaliser et se positionnent automatiquement en conséquence.

Évoquer le « jeu à la toulousaine » conduit à évoquer simultanément l'aspect spectaculaire, esthétique, du rugby : tant de techniciens et d'observateurs en ont fait leur credo, il a procuré tant de voluptés, causé tant d'égarements ! Pour ma part, je dis que le joueur qui pénètre sur la pelouse n'est pas en quête d'esthétique, mais de victoire. Pour moi, seule la victoire est belle et la beauté est générée par l'efficacité. Pour gagner, il faut, en principe, bien jouer. Bien jouer, c'est savoir se placer et se replacer, faire vivre le ballon, utiliser au maximum ses capacités sans négliger un instant l'intérêt collectif. Bien jouer, c'est tenter, même dans l'en-but si le coup est jouable. Une telle initiative est souvent payante car les adversaires sont loin et que l'ailier, placé en prévision d'un coup de pied de dégagement, fait défaut à la ligne de défense. Bien sûr, on peut être bloqué mais ce n'est pas grave : on a toujours la possibilité de passer par le sol et de conserver le ballon.

Il ne faut donc pas confondre efficacité et frilosité. Les équipes toulousaines dans lesquelles j'ai joué et celles que j'ai entraînées n'ont jamais été frileuses. Elles ont inscrit des essais magnifiques, certains de quatre-vingts mètres qui ont fait lever les spectateurs et procuré aux joueurs au moins autant de jouissance. Car le joueur recherche le plaisir en même temps que la victoire et il n'en éprouve pas en percutant un mur et en se couchant au sol avec le ballon. Je tiens enfin à confirmer une évidence : il est primordial de savoir choisir les joueurs correspondant aux ambitions et ce sera toujours le talent des individus qui fera la différence.

Quand il a fallu trouver un successeur à Claude Labatut, nous avons été plusieurs, Martinez, Gabernet et moi-même, à recommander Robert Bru. Élèves au CREPS, nous avions été séduits par ce prof qui nous avait révélé un jeu disons intellectualisé, mais très dynamique. L'enseignement de Robert Bru et les qualités humaines qui l'agrémentaient avaient favorisé notre épanouissement et nous étions persuadés qu'il était en mesure de faire entrer le Stade Toulousain dans une autre dimension. Mais s'adresser à des élèves est une chose et diriger des hommes venus de tous les milieux est une autre paire de manches. Bru en était conscient qui sut s'adjoindre deux collaborateurs prestigieux ayant récemment raccroché les crampons. Il était la tête pensante du système, il avait vraiment réfléchi à ce qui pouvait se faire sur un terrain avec seulement deux entraînements par semaine. Il était un manager avant l'heure, Villepreux et Skrela étaient ses relais.

N'empêche : pas mal de temps s'est écoulé avant que le Stade revienne au premier plan, avant que les résultats valident les principes inculqués par Robert Bru. J'ai dû apprendre la patience. En 1981, nous avons été éliminés par Brive en huitièmes de finale ; en 1982, nous n'avons pu franchir les barrages, Narbonne prenant sa revanche du seizième de l'année précédente. En 1983, après avoir sorti Oloron en barrages, nous sommes retombés sur... Béziers ! Les huitièmes de finale se disputaient alors en matchs aller-retour, sur terrains neutres. Nous avons perdu la première manche, à Carcassonne, sur un score des années soixante : 3-0. La seconde s'est disputée à Carmaux et je suis allé trop loin. Le premier quart d'heure avait été à notre avantage quand, dans un regroupement, j'ai été victime d'une « fourchette »[4]. J'ai repris le jeu, déterminé à me faire justice à la première occasion. C'est Médina, mon adversaire direct, qui a trinqué. Nous nous sommes battus comme des chiffonniers et l'arbitre, M. Bressy, n'a pu faire autrement que nous expulser. Bien sûr, le match s'est déroulé à égalité numérique et Béziers n'a pas volé sa victoire (12-6) mais je reste convaincu que ma sortie a privé le Stade de la qualification, car notre système de jeu a été amputé. Je m'en suis voulu et j'ai retenu la leçon. Jusque-là, je n'admettais pas les actes déloyaux et je réagissais immédiatement. J'ai été expulsé quatre fois dans ma carrière, presque toujours pour être allé défendre un coéquipier, en traversant tout

4. Geste barbare qui consiste à mettre l'index et le majeur dans les yeux d'un adversaire.

le terrain si nécessaire. Je ne supportais pas que Jean-Michel Rancoule, par exemple, soit agressé, d'autant qu'il était d'un gabarit modeste ; ni la stature ni la réputation de l'agresseur ne freinaient mon élan vengeur. Un jour, à Mont-de-Marsan, j'ai été retenu par le maillot après avoir botté à suivre et mis les gaz : je suis resté en compagnie de mon adversaire et il a été évacué sur la civière.

L'autre grand rival du Stade Toulousain était le SU Agen. Le jeu à l'agenaise était fréquemment opposé au jeu à la toulousaine : le distinguo n'est jamais évident mais il servait au moins à exacerber les passions de part et d'autre. Agen comptait dans ses rangs de nombreuses vedettes, à commencer par Philippe Sella, un joueur et un homme admirables. J'ai eu l'honneur d'être trois-quarts centre en face de lui et d'avoir été du côté des vainqueurs. Pas en 1984, en tout cas, puisqu'Agen remporta les deux huitièmes de finale, à Tarbes d'abord, puis à Montauban avec encore deux expulsés à la clé, deux avants cette fois. En cette occurrence, la qualification des Agenais ne souffrait pas de contestation mais d'ordinaire, nous avions l'impression – et nous n'étions pas les seuls... – que l'équipe du président de la FFR était favorisée, ce qui décuplait d'ailleurs notre motivation. Il était tout naturel qu'Albert Ferrasse portât dans son cœur le club avec lequel il avait été champion de France au lendemain de la Seconde Guerre mondiale et qu'il avait présidé dans les années soixante. Je l'ai côtoyé quand j'étais international : c'était assurément un grand monsieur mais il apparaissait peu enclin à prolonger une discussion après avoir exprimé son avis... Pour autant, je n'ai jamais cru qu'il ait, à l'occasion, donné des ordres pour qu'Agen fût vainqueur, je crois plutôt que les arbitres pratiquaient une espèce d'autocensure. Quoi qu'il en soit, je n'ai jamais vitupéré l'arbitrage quand je jouais. En tant qu'entraîneur, je ne puis en dire autant : parce que je me sentais davantage responsable et mieux placé que le joueur pour analyser, je me suis laissé aller à des critiques mais j'ai vite compris qu'il était parfaitement inutile de s'emporter et qu'il était préférable de demander courtoisement des explications après le match.

6

DEUX BRENNUS AU CRÉPUSCULE

La saison 1984-1985 a été celle de la récompense suprême, que nous espérions depuis 1980 et que le club attendait depuis presque quarante ans. Nous nous savions au niveau de Béziers, fallait-il encore nous montrer supérieurs. Justement, nous nous sommes retrouvés dans la poule du champion : il s'est imposé difficilement à l'aller (15-12) et nous lui avons infligé un cinglant 24-0 au retour. Cette victoire nous a propulsés vers la cime. Nous avons terminé premiers de la poule, devant... Béziers. Bayonne nous a donné du fil à retordre en huitièmes, remise en cause idéale avant le grand rendez-vous de Perpignan contre notre éternel suzerain. Le résultat de ce quart de finale (21-0, presque le même score qu'aux Sept-Deniers) a retenti comme un coup de tonnerre : ce 11 mai 1985, le maigre public de Gilbert-Brutus avait bel et bien assisté à une passation de pouvoir. L'irrémédiable déclin de Béziers s'amorçait et la demi-finale de 1991 contre Bègles serait son chant du cygne. Un nouvel âge d'or s'ouvrait pour le Stade Toulousain mais nous n'en étions pas là, tout à notre bonheur d'avoir déboulonné l'idole. Quelque part dans nos têtes, Béziers était encore la forteresse inexpugnable alors qu'en réalité, Armand Vaquerin et Michel Palmié en étaient les derniers remparts : ils allaient raccrocher sur ce cuisant échec. Devenu entraîneur, j'ai été hanté par la cruelle destinée de cette équipe qui avait régné durant quinze ans sur le rugby français et j'ai tout mis en œuvre pour que le Stade Toulousain ne connaisse pas le même sort que Béziers. De la même façon que, joueur, je n'avais jamais été rassasié de victoires, j'ai toujours regardé, en tant que manager, au-delà des titres que nous remportions : j'ai voulu assurer un avenir à mon club.

Le coup d'éclat de Perpignan avait fait du Stade Toulousain le favori de sa demi-finale : il a justifié ce statut aux dépens de Montferrand. Me voici donc de retour dans ce Parc des Princes que j'aimais bien et que j'aimerais encore davantage. Les virages étaient au plus près du terrain et sentir le peuple garonnais derrière moi me transcendait. Au Stade de France, au contraire, la piste d'athlétisme met à distance le public et je le regrette : c'est comme si les spectateurs d'un match de boxe étaient installés à trente mètres du ring...

En cette soirée du 25 mai, le Parc des Princes était entièrement rouge et noir. En effet, pour rendre hommage au Stade Toulousain qui fut son parrain lors de sa fondation, le RC Toulon adopta les mêmes couleurs : c'est Aldo Gruarin, ancien pilier de Toulon et du XV de France, auparavant deuxième ligne du TOEC, qui me l'apprit plus tard sur la rade.

Nous n'étions que quatre rescapés de la finale perdue contre Béziers : Gabernet, Rancoule et moi derrière, le seul Breseghello devant. Le Stade de 1980, je l'ai déjà indiqué, manquait de régularité dans la performance et Claude Labatut avait longtemps fait avec les moyens du bord. Cinq après, nous présentions une équipe sûre de sa force, à la faveur d'une succession de résultats probants. Grâce au dynamisme de son pack et au talent de garçons comme Erik Bonneval et Denis Charvet, le Stade était souvent irrésistible. Cependant, au mois d'avril, nous avions perdu la finale de la Coupe de France devant Narbonne, d'un petit point (28-27) qui avait suffi à provoquer une salutaire remise en question.

J'ai préparé la finale enfermé dans ma bulle. J'y ai donné libre cours à mes superstitions et, comme je suis croyant, à mes prières. Mon entourage comprenait mon attitude. C'est seulement quand j'ai entraîné que j'ai partagé davantage l'avant match avec mes proches. À Paris, j'étais en chambre avec Jean-Michel Rancoule : j'ai fait en sorte de le rassurer sans perdre ma propre concentration. Car j'étais polarisé sur mon duel avec Pascal Jehl, célébré comme la révélation au poste et sélectionné pour la tournée du XV de France en Argentine.

De par ses mille péripéties, sa folle cadence, son suspense haletant et son apothéose dans les prolongations, cette finale a été classée parmi les plus grands spectacles, plutôt rares au demeurant, offerts en cette circonstance. Pour moi, elle fut d'abord, comme à l'accoutumée, un combat. Mes copains avaient cru bon d'en rajouter tout au long de la semaine, avec des réflexions du genre : « Hé, le vieux, tu vas regarder passer Jehl ; il va plus vite que toi ! » Il n'était pas besoin de me « remonter la pendule » : j'étais prêt. Mon vis-à-vis a pu le constater au bout de deux minutes : je crois que le premier regroupement lui a fait perdre une bonne seconde au 100 mètres...

Avec des « si » mettant en bouteille Paris et ses finales, les matchs de ce genre peuvent être récrits à volonté : si Bianchi n'avait pas dû abandonner les siens, si Michel Lopez avait eu sa réussite habituelle dans les tirs au but, si le drop de Cauvy n'avait touché le poteau peu avant la fin du temps réglementaire... Je préfère m'en tenir aux faits. Mené 12-0, le Stade Toulousain a allumé le feu, Toulon et Gallion se sont mis au diapason, avant de baisser pavillon dans les prolongations. Nous nous en sommes alors donné à cœur joie. La messe était dite quand, à l'ultime minute, j'ai réceptionné un dégagement de Cauvy dans les quarante mètres ; j'ai pris le grand large après avoir débordé le premier défenseur et j'ai effectué un slalom grisant de trente mètres dans les rangs varois ; au bout de cette relance, Denis Charvet a pointé son troisième essai de la finale avant d'être enseveli sous ses partenaires. M. Bressy a sifflé la fin après la transformation de Lopez qui établissait le score à 36-22. Champion de France à 31 ans passés, dix ans après avoir signé ma première licence, j'étais sur mon petit nuage. J'avais lu quelque part qu'en soulevant le Brennus, le capitaine montalbanais Louis Blanc avait déclaré, en 1967 : « Je ne le croyais pas si lourd ! » Dans l'euphorie de la victoire, j'ai eu l'impression contraire et il m'a semblé que ce Bouclier était mien. En le brandissant, j'ai pensé à Claude Labatut. J'estime qu'on ne lui a pas accordé, dans l'histoire stadiste, la place et la reconnaissance qu'il mérite. Moi, je n'ai rien oublié et j'ai souvent invité Claude à nous accompagner en déplacement dans le cadre de la Coupe d'Europe.

J'ai toujours été sidéré par la fascination qu'exerce le Bouclier de Brennus, même sur les gens qui n'appartiennent pas au monde du rugby. Tout le monde a envie de le toucher, d'être pris en photo avec. Il ne s'agit que d'un « bout de bois », ainsi qu'on le désigne familièrement, mais il excite tant de convoitises et représente tant d'efforts sur tant d'années ! La puissance du symbole impose le respect. Or, chaque année ou presque, le bouclier est tellement détérioré qu'il doit passer dans les mains d'un artisan pour être restauré. Je n'admets pas que des joueurs fassent subir à ce vénérable trophée les plus mauvais traitements. Le Brennus raconte l'histoire de notre rugby, de notre championnat, de l'évolution d'une formule souvent scabreuse. L'endommager, c'est comme profaner une tombe.

De la même façon que je lui avais offert le maillot de ma première finale, j'ai offert à mon beau-père le maillot de mon premier titre. Me Lamouroux était non seulement l'un des avocats d'assises les plus éminents de la région, un grand travailleur, mais aussi un homme qui avait du savoir-vivre. Il nous a quittés beaucoup trop tôt, il n'avait que 68 ans. Je l'avais connu avant de rencontrer sa fille. Bien que nous nous soyions trouvés dans la même discothèque, je le vouvoyais et j'ai continué à le faire après mon mariage. Pour lui demander la main de Françoise, je m'étais rendu à son cabinet, rue des Arts. Il m'avait reçu dans son grand bureau, j'étais fort intimidé. Mon futur beau-père, lui, était ravi et il avait aussitôt demandé à son épouse de déboucher une bouteille de champagne.

Pour ce qui concerne le Bouclier, il me tardait de le partager. Je l'ai transporté à Leucate, ma deuxième patrie. Quand mon frère et moi étions tout gosses, mes parents nous emmenaient à Hossegor pour les vacances. Quand nous avons commencé à courir, ils ont estimé que les vagues de l'océan représentaient un danger et ils ont opté pour la Méditerranée. Ils ont choisi Leucate parce que ma grand-mère paternelle était installée à deux pas de là, à La Franqui. Je vais à Leucate depuis que j'ai deux ans. J'ai vu ce petit village se transformer en station balnéaire. J'ai vu, l'une après l'autre, des routes le sillonner. L'aspect sauvage a progressivement disparu. Je me souviens que, pour prendre des anguilles dans l'étang, nous posions des cordes garnies d'hameçons auxquels nous accrochions des morceaux de viande ; pour harponner des soles, nous tapions sur le fond sablonneux avec des fouines[5] confectionnées par mon père dans son atelier et qui comportaient de nombreuses dents ; un filet prêté par un copain pêcheur nous permettait de ramener des muges ou des loups. Ensuite, je me suis mis à la

5. Foène, foëne, fouëne ou fouine : gros harpon.

chasse sous-marine. Je portais des ceintures faites maison, à savoir des chambres à air remplies de coton qui permettaient de recharger le fusil sans se blesser : les combinaisons ne seraient utilisées que beaucoup plus tard.

Grâce au rugby, j'ai parcouru le monde entier mais, pour trouver le bonheur, il n'est pas besoin d'aller loin et il n'est pas nécessaire de vivre dans le luxe. Les plaisirs simples que je n'ai jamais cessé de goûter à Leucate, la plage, les cartes, la pétanque, le vélo dans la Clape, sont pour moi les plus précieux. Dans les années 80, nous avions acheté un petit appartement avec une petite terrasse : au fil des ans, nous l'avons agrandi. Tout naturellement, nos amis venaient nous rendre visite : à leur tour, ils ont presque tous acheté un logement dans les parages. Mes enfants aussi ont éprouvé le besoin de se retrouver près de nous à Leucate : ils y ont leurs habitudes, ils y respirent un parfum de liberté.

Dans l'existence éprouvante que je menais, il était indispensable de me ménager quelques pauses et Leucate était l'endroit idéal pour me ressourcer. Je quittais les Sept-Deniers après le boulot et, à peine quatre-vingts minutes plus tard, le temps d'un match, j'avais changé de monde. J'avais l'impression de m'être évadé, d'avoir mis mes responsabilités entre parenthèses. Au Stade, la reprise s'effectuait début juillet, avec un travail physique intensif. Une fois que la machine avait été remise sur les rails, une fois que chacun avait pris la mesure de son rôle, je m'autorisais à partir à Leucate. Bien sûr, je gardais un œil, une oreille plutôt, sur ce qui se passait dans mon club et j'étais susceptible de regagner Toulouse à la première alerte.

L'attachement à Leucate ne s'est pas limité à la période estivale. Durant la saison, chaque lundi, je cherchais le résultat du SCL dans la rubrique « Ovalie » du *Midi Olympique*. J'ai suivi l'évolution de ce club, de la quatrième série à la Fédérale 2, j'ai assisté à quelques matchs, quand j'étais disponible. Inévitablement, j'ai été sollicité pour diriger une séance d'entraînement mais j'ai toujours refusé, par respect pour les hommes en place. Chaque fois que je l'ai pu, j'ai renvoyé l'ascenseur aux passionnés qui font vivre le rugby à Leucate, à tous ceux qui se sont évertués à rendre mes séjours toujours plus agréables. Leur faire toucher le Bouclier de Brennus était la moindre des choses.

La saison qui suit le titre est souvent celle du désenchantement, quand elle n'ouvre pas une crise. Elle a été au contraire, pour un Stade Toulousain solidement structuré, celle de la confirmation. Nous avons terminé premiers de notre poule, devant Narbonne et Béziers, en concédant seulement quatre défaites en dix-huit matchs. Mais le major était Agen, qui n'avait été battu qu'une fois et que nous avons retrouvé en finale, après avoir écarté Lourdes, Biarritz et le voisin graulhétois. Encore un âpre combat, circonscrit au petit périmètre. Il aurait pu tourner au drame vers le milieu du premier acte quand Daniel Dubroca, ayant reçu un choc dans une mêlée ouverte, a avalé sa langue. L'affolement des joueurs sur la pelouse, puis la sortie sur une civière du capitaine du XV de France, ont fait craindre le pire. Heureusement, des nouvelles rassurantes nous sont parvenues le dimanche matin et Dubroca a pu partir en tournée avec les Tricolores. Mais cet accident n'a fait qu'accroître la crispation de cette finale qui est restée jusqu'au bout un sévère bras de fer, nouveau pied de nez aux rêveurs qui attendaient un rugby de gala orchestré par deux grandes paires de centres, Charvet-Bonneval et Sella-Mothe. Ils ont dû se contenter des six pénalités qui ont meublé le score, dont quatre en notre faveur, juste reflet de la partie je crois. On allait en rester là (12-6) quand une passe peu académique de Mothe m'est tombée dans les bras. J'en ai profité pour me faire la malle et mettre sur orbite Bonneval qui a déboulé puissamment le long de la touche avant de plonger en coin pour échapper au retour de l'inévitable Sella.

Je ne me suis pas demandé lequel des deux titres était le plus beau. Le doublé l'était assurément et nous en avons tiré une légitime fierté. La particularité du rugby est de sacrer le champion à l'issue d'une phase éliminatoire et non par un classement aux points sur l'ensemble de la saison, pratique immuable au football. Les partisans de chaque procédé n'en finissent pas de s'opposer, avec des arguments tout aussi respectables, mais l'histoire de notre championnat indique clairement la tendance : à l'instar du nombre de clubs, la phase finale, qui commençait jadis par des seizièmes, a été progressivement réduite à des demi-finales, précédées de barrages. Les surprises étaient courantes dans le championnat que j'ai disputé et il est arrivé que le détenteur du Bouclier tombe dès le premier tour. De telles sensations étaient pour beaucoup dans le succès et le charme de l'épreuve tandis que les grands clubs faisaient la grimace, plus exactement ceux qui avaient consenti de gros investissements et qui acceptaient très mal que des mois de domination soient anéantis en quatre-vingts minutes. Personnellement, je reste favorable à la phase couperet où un PSG peut laisser des plumes : elle provoque la décharge d'adrénaline recherchée par tout compétiteur. La décharge se produit également chez l'entraîneur car il éprouve une certaine jouissance à préparer des joueurs pour une échéance capitale, à leur faire prendre une autre dimension. Les heures précédant le match sont les plus exaltantes.

Attaché aux traditions, je juge inopportun le logo spécifique que la Ligue a décidé d'apposer sur la manche du maillot des champions. À l'issue d'une finale qui dit bien son nom, une couronne est décernée au titre de la saison écoulée ; lorsque la suivante débute, il n'y a plus de champion, uniquement des prétendants au titre. En tout cas, franchir tous les obstacles deux ans de suite, alors que l'épée de Damoclès est suspendue au-dessus de chaque épisode et quand on sait les aléas que comporte n'importe quelle confrontation sportive, constitue un authentique exploit. Les cinq doublés réalisés par l'AS Béziers pendant son âge d'or relèvent tout simplement du prodige. Un titre peut, à la rigueur, être considéré comme accidentel mais un doublé interdit la moindre objection à la qualité d'une équipe, à la compétence, au travail et aux options des entraîneurs. Il était difficilement concevable que le Stade Toulousain pût un jour faire mieux...

Villepreux et Skrela avaient donc de quoi pavoiser. De mon côté, je songeais que j'avais peut-être foulé la pelouse du Parc des Princes pour la dernière fois. Effectivement, la saison suivante, j'ai usé le survêtement sur le banc des remplaçants. Le Stade avait fait une recrue de choix en la personne de Didier Codorniou et David Berty pointait le bout du nez. Pierre Villepreux m'a préféré Thierry Palisson, l'oncle d'Alexis qui a disputé une finale de Coupe du monde et porté également le maillot du Stade, ou Hervé Lecomte, habituellement troisième ligne. Je voulais cependant démontrer que je demeurais compétitif et, lors des séances en opposition, je ne faisais pas semblant : Hervé Lecomte avait beau m'assurer qu'il n'était pour rien dans mon infortune, il était parfois victime de mon agressivité.

Cette saison 1986-1987 a été surtout perturbée par des blessures, alors qu'elles m'avaient complètement ignoré au début de ma carrière. J'avais seulement connu, la première saison, des difficultés pour récupérer car mon corps d'athlète digérait mal les coups ; je me faisais masser et commençais à aller mieux le mercredi. Après quatre ans sans le moindre souci, les pépins se sont accumulés : entorses des chevilles, dommages aux épaules, entorses des genoux. Il est vrai que je ne m'économisais pas. J'ai rejoué quinze jours après une luxation acromio-claviculaire : au premier plaquage, j'ai ressenti une décharge électrique dans tout le corps mais je suis resté sur le terrain, le bras strappé. Victime ensuite d'une sciatique paralysante, je suis allé courir chaque jour pendant la rééducation. J'ai subi également l'ablation d'un ménisque, intervention trop systématiquement pratiquée à l'époque. Au printemps 1987, j'ai été opéré d'une hernie discale, deuxième du genre, ce qui ne m'a pas empêché d'être, un mois et demi plus tard, sur le banc des remplaçants pour la demi-finale contre le Racing Club de France, à Bordeaux. L'ami Gégé Martinez était devenu adversaire et membre du « show-biz », appellation revendiquée par quelques gais lurons de cette excellente équipe parisienne. Je ne souscrivais pas à leurs frasques. Je jugeais irrespectueux, pour l'adversaire s'entend, le port du blazer, du béret et du nœud papillon, ainsi que les peintures sur le visage. Par le plus petit écart, le Stade a perdu cette demi-finale et il a mieux valu que je n'y participe pas... La saison suivante, nous avons tenu le Racing en échec à Toulouse, alors que les Parisiens étaient largement favoris. Le soir, ceux du « show-biz » ont retrouvé Charvet, Codorniou, Bonneval et Rancoule dans le bar que tenait Daniel Santamans, talonneur de l'équipe championne de France en 1985. Ils ont confié à mes partenaires qu'ils me prenaient pour un dingue. En fait, ces gens-là vivaient à fond leur aventure et je n'étais pas, à ce moment-là, en mesure de les comprendre. Le temps a normalisé les relations et j'en ai entretenu d'excellentes avec l'écrivain et cinéaste Philippe Guillard, qui a croisé souvent mon chemin quand il était consultant sur Canal +.

Je n'ai pas mis fin à ma carrière sur blessure, c'est Villepreux et Skrela qui m'ont poussé doucement vers la sortie. Villepreux était au courant des résultats que j'avais obtenus avec le collège de Pibrac et il appréciait mon action dans le cadre de l'UNSS. Il m'a proposé d'entraîner les juniors avec Christian Gajan, fils de mon premier entraîneur. Avec Christian, qui était déjà en place, nous étions copains de longue date et je savais qu'il avait baigné dans le rugby toute sa vie. Je n'ai pas hésité à accepter la proposition car elle me permettait de rester au club, qui plus est dans mon élément. Avant de succéder officiellement au troisième ligne Bernard Loquet, j'ai participé à la tournée de fin d'année aux Fidji, aux îles Cook et à Tahiti. Nous avons disputé des matchs sérieux mais j'ai surtout ramené de merveilleux souvenirs de ce séjour d'un mois entre amis, dans un cadre féerique. Aux Fidji, j'ai même goûté, en me pliant au cérémonial, le fameux kava, la traditionnelle et redoutable boisson du Pacifique : je n'ai pas aimé. Bien des années plus tard, quand je voyais les joueurs polynésiens du Stade en consommer, je m'éloignais...

Pendant cette tournée, j'étais encore dans la peau du joueur mais je m'étais fait à l'idée que j'avais disputé mon dernier match sur le terrain d'Aurillac, en octobre.

Je me suis donc consacré à l'entraînement de l'équipe juniors. J'ai hérité d'une belle génération avec les Berty, Cazalbou, Miorin, de Giusti... Galthié était alors disposé à signer au Stade mais le capitaine que nous avions désigné, Biamouret, était justement demi de mêlée ; même quand Villepreux m'a demandé d'attribuer le n°9 à Cazalbou, j'ai maintenu ma confiance à Biamouret et Cazalbou a été sacré champion de France au centre. Je n'ai pu assister à cette finale, à Biarritz, car je jouais au même moment celle du challenge Du-Manoir, à Bayonne ! En effet, en raison de la longue suspension de Rougé-Thomas, qui avait entraîné le déplacement de Codorniou à l'ouverture, et des blessures de Bonneval, Ougier, Dupuy et Husson, j'avais signé un incroyable come-back, et comme trois-quarts centre ! Je n'étais pas un passeur digne de ce nom, j'allais forcément moins vite que naguère et je m'étais très peu entraîné : j'étais surtout là pour rassurer, sorte de papa des lignes arrière. D'ailleurs, le président Jean Fabre avait recommandé aux entraîneurs : « Mettez Guy et faites l'équipe autour ! » En championnat, nous avons gagné les deux huitièmes de finale contre Graulhet et nous sommes tombés avec les honneurs au tour suivant, à Montpellier, devant le champion de France : vainqueur 21-9, Toulon n'a inscrit que des coups de pied, soit quatre pénalités et trois drops.

Les Toulonnais, nous les avions nettement battus auparavant, en demi-finale du challenge Du-Manoir. C'est ainsi que ma carrière s'est achevée sur une dernière finale et un dernier titre. Le joueur qui a donné son nom à cette épreuve s'est probablement retourné dans sa tombe, ce 20 mai 1988, car Dacquois et Toulousains se sont battus comme des chiffonniers, ce qui n'était pas forcément pour me déplaire. À la mi-temps, le président de la commission de contrôle du challenge a pénétré sur le terrain et il a prévenu les capitaines, Laurent Rodriguez et Jean-Michel Giraud, que les deux clubs seraient exclus de la prochaine édition si les pugilats ne cessaient pas. Un calme relatif est revenu et nous l'avons emporté de deux points (15-13) : pour moi, cette fois, c'était vraiment la fin et je l'ai trouvée belle. Mais une autre belle histoire allait commencer...

7
UN TRIO À DEUX VOIX

Le rideau était à peine tombé sur la saison 1987-1988 que Jean Fabre m'a demandé de rejoindre Pierre Villepreux et Jean-Claude Skrela aux commandes de l'équipe fanion. Certes, après notre doublé, le Bouclier de Brennus avait pris la route de Toulon et d'Agen mais les résultats étaient tout sauf alarmants et le groupe restait de première qualité. Cependant, des tensions étaient apparues en son sein et le président estimait sans doute que ma présence auprès de mes anciens coéquipiers mettrait de l'huile dans les rouages. Cette promotion m'obligeait à abandonner mon compère Christian Gajan et les dirigeants des juniors, Jean Lacroix et Gérard Labbe, avec qui j'avais passé une saison délicieuse. Je me trouvais si bien parmi les jeunes que j'étais loin de convoiter l'entraînement de la « première » : j'ignorais, d'ailleurs, si j'étais capable de sauter le pas. La mise en perspective de Jean Fabre m'a séduit : Christian Gajan était destiné à m'être associé ultérieurement, tandis que Villepreux et Skrela prendraient d'autres fonctions. Avec un staff ainsi élargi, le Stade Toulousain était précurseur et il l'était dans bien d'autres domaines.

En attendant, l'homogénéité du trio s'est vite avérée relative : je m'efforçais d'apporter ma pierre à l'édifice mais je n'étais qu'adjoint, les patrons étaient Villepreux et Skrela.

J'étais, n'ayons pas peur des mots, sur leur porte-bagages. Considérant que l'expérience d'un ancien athlète pouvait être utile dans le domaine de la préparation physique, Villepreux et Skrela m'ont consulté à ce sujet. Mais à ce sujet seulement ; pour le reste, les échanges étaient réduits au strict minimum. J'ai bien participé à quelques débats mais j'ai toujours eu l'impression d'être considéré comme un intrus par mes deux collègues, dans la mesure où je leur avais été peu ou prou imposé.

Ils voyaient d'un mauvais œil ma connivence avec les joueurs, avec les trois-quarts notamment. Quoi de plus normal ? Ils avaient tous été mes partenaires ! Un jour que j'étais attablé avec le groupe, au cours d'un stage du côté de Brive, l'aréopage du Stade est arrivé, les deux entraîneurs en tête. Le regard de Villepreux était suffisamment éloquent mais il l'a assorti d'une courte sentence : « Tu ne peux pas entraîner en étant si proche des joueurs. » J'ai répondu que leur respect et leur écoute n'étaient pas incompatibles avec cette proximité. J'admets que, dans la mesure où j'avais changé de statut, le regard des joueurs aurait pu changer aussi, mais je n'ai jamais eu cette impression. Mes anciens coéquipiers connaissaient mon tempérament, ma rigueur, ils savaient exactement comment je fonctionnais. Je n'aurais pas été crédible si j'avais subitement modifié mon comportement : je suis resté naturel. Villepreux avait sa conception, j'avais la mienne. Durant ma carrière de prof, de nombreux élèves m'ont tutoyé mais mon autorité n'en a jamais souffert.

De même, je pouvais fort bien prendre un verre avec des joueurs et leur faire entendre une autre musique à l'entraînement, effectuer les choix qui m'incombaient. J'étais parfaitement conscient de me trouver de l'autre côté de la barrière. Joueur, j'avais passé maintes soirées en compagnie de Claude Labatut ; entraîneur des lignes arrière du XV de France, Jeannot Piqué m'avait même accompagné en discothèque ! Les temps étaient en train de changer. À l'ère professionnelle, la barrière ne se lève pratiquement jamais.

J'ai vite compris que je n'étais pas le bienvenu auprès de mes deux aînés et qu'ils préféraient me tenir dans l'ombre. À leurs yeux, ma présence témoignait des difficultés qu'ils avaient pu rencontrer avant mon arrivée, elle écornait forcément leur prestige. Pour ce qui concernait les contenus d'entraînement, Villepreux m'apprenait énormément, il me laissait même diriger quelques séances mais, au moment de rencontrer la presse, il m'éloignait. Je me souviens m'être trouvé seul aux Sept-Deniers pour un entraînement : la séance avait été déplacée au CREPS et j'étais le seul à l'ignorer. On imagine aisément l'effet produit chez les joueurs par cet incident.

Je n'ai pu m'empêcher d'établir le parallèle avec Claude Labatut, sa gestion des hommes et sa sensibilité. J'ai d'autant plus déploré la froideur de Pierre que je me régalais au côté de ce technicien hors pair, qui m'a tant apporté. Alors, j'ai préféré composer, tout en appliquant mes principes et en faisant passer mon message. J'ai notamment remis en selle des anciens qui avaient été plus ou moins écartés, tels Serge Laïrle, finaliste avec moi en 1980, et Karl Janik, double champion de France. L'entraîneur remis en cause par les anciens est toujours tenté de s'en séparer et de faire confiance à des jeunes mais il se coupe alors, souvent maladroitement et jamais sans ulcération, de joueurs importants à tous points de vue, capables d'apporter encore beaucoup.

Avec Laïrle et Janik, nous sommes revenus en finale, encore contre Toulon, encore avec le titre au bout. Villepreux avait recommandé aux joueurs de jouer le plus possible de pénalités à la main, au lieu de taper en touche. C'est ainsi que le Stade Toulousain a inscrit un essai mémorable qui a assommé Toulon avant la mi-temps : sur une pénalité dans nos vingt-deux mètres, Rougé-Thomas s'est présenté pour dégager et il a, au contraire, alerté Cigagna qui a servi Codorniou, lequel a mis Charvet sur orbite pour une course irrésistible de 80 mètres qui a soulevé l'enthousiasme du public et des téléspectateurs. Tout aussi remarquable, le premier essai avait été inscrit par... Laïrle dès le début du match et notre pilier gauche avait touché deux fois la balle sur l'action : d'abord pour contrôler en souplesse une passe un peu basse de Cigagna, ensuite pour recueillir celle de Cazalbou, superbement délivrée malgré le défenseur. Ces deux actions étaient la parfaite illustration du jeu toulousain, mais aussi de la maîtrise des entraîneurs qui se conjuguait subtilement avec la liberté laissée aux joueurs.

Inutile de préciser que j'ai savouré cette éclatante réussite et partagé le bonheur de mes anciens équipiers. Un enthousiasme retrouvé avait présidé à la reconquête du Brennus et je pensais avoir rempli ainsi l'une de mes missions, qui consistait à restaurer la confiance et l'ambiance. Inutile de préciser aussi que le président Fabre a fait savoir à Villepreux et Skrela que, tout naturellement, le trio était reconduit.

Mes souvenirs de la saison 1989-1990, ma deuxième en tant qu'entraîneur adjoint, sont moins nets. C'est sans doute parce que nous avons œuvré dans la sérénité, comme si chaque entraîneur avait pris sa place dans un fonctionnement plus harmonieux, comme si Villepreux et Skrela avaient fini par m'accepter. Les résultats se sont inscrits dans la continuité. Major des poules, le Stade Toulousain a écarté sans problème, mais non sans heurts, Nîmes en huitièmes de finale. En quarts, il est passé par le trou d'une aiguille, d'un tout petit point, aux dépens de Narbonne. Pour la demi-finale contre le Racing Club de France, à Béziers, j'étais au bord du terrain, Villepreux et Skrela dans la tribune, derrière le grillage. Jean-Marie Cadieu, absent depuis plusieurs mois, avait été titularisé car il était une pièce maîtresse du pack. Il a donné le meilleur de lui-même mais, à un quart d'heure de la fin, il était visiblement à la peine, comme tout joueur à court de compétition. Je me suis tourné vers les coachs pour leur signifier que le remplacement de Cadieu par Coumes était nécessaire : ils ont donné leur aval. Or, crucifiés par un essai d'Abadie en fin de partie, nous avons perdu (21-14) cette demi-finale à notre portée. Et la version qui a circulé ensuite au sein du club m'a sidéré : j'avais procédé au remplacement de Cadieu sans prendre l'avis de Villepreux et Skrela !

Jamais l'adjoint que j'étais ne se serait permis de leur faire un tel affront. Le respect vaut d'ailleurs dans l'autre sens : quand je suis devenu manager, j'ai toujours consulté mes adjoints pour les remplacements, à de rarissimes exceptions près. En 2006, à Albi, j'ai fait sortir notre pilier Menkarska à quelques minutes de la fin : alors que nous tenions le match nul, il a été sanctionné deux fois et j'ai voulu éviter le carton jaune qui nous aurait été fatal. Une autre fois, j'ai pris la même décision à l'encontre de Christopher Tolofua qui venait d'entrer en jeu contre le Stade Français et de manquer ses deux premiers lancers : j'ai prévenu Yannick Bru, en charge des avants, qu'au troisième raté, je remplacerais le talonneur et je l'ai fait.

En 1990, le faux incident de Béziers a gommé le schéma initialement dessiné par Jean Fabre. Au lieu d'être davantage impliqué au sein d'un staff que devait renforcer Christian Gajan, j'ai comparu devant le président, un mois et demi plus tard. Le temps m'avait paru très long, j'ignorais tout à fait ce que j'allais devenir, j'étais dans le brouillard. Assisté de mon ancien coéquipier Christian Massat, Jean Fabre m'a expliqué qu'une équipe espoirs allait se créer, qu'il souhaitait que j'en sois l'entraîneur en compagnie de Christian Gajan, que j'étais l'homme de la situation. Il n'a pas été question de l'équipe première. Je ne m'attendais pas à être ainsi rétrogradé car mon bilan d'entraîneur, chez les juniors puis chez les seniors, était pour le moins positif : en trois ans, deux titres et une demi-finale ! Cette proposition ressemblait trop à une sanction, comme si l'échec de Béziers m'était imputé. J'aurais pu faire le dos rond, prendre mon mal en patience. Mais j'ai été tellement touché dans mon amour-propre que mon tempérament impulsif a pris le dessus. Je n'ai pas accepté de porter le chapeau et de revenir à la case départ : je me suis levé, j'ai salué et j'ai quitté le bureau. Quand j'ai claqué la porte, je n'ai pas évalué les conséquences de ma décision, je n'ai pas songé que mon parcours en rouge et noir risquait de s'arrêter là. Il en avait été de même quand j'avais renoncé à l'équipe de France vingt et un ans plus tôt, sur un coup de tête.

La manœuvre pour m'écarter de l'équipe première me paraissait évidente. J'étais persuadé que Villepreux et Skrela s'étaient servis de la défaite contre le Racing pour reprendre les rênes en doublette, à l'orée d'une saison où le Stade Toulousain allait célébrer son centenaire. Pendant de nombreuses années, les relations ont été suspendues mais le temps a fait son œuvre et j'ai fini par retrouver Pierre avec plaisir. J'ai davantage souffert de la rupture avec Jean-Claude, parce qu'il avait été mon coéquipier au Stade et en équipe de France, parce que j'avais toujours apprécié ses qualités humaines. Aussi avons-nous aisément renoué, après avoir changé l'un et l'autre de casquette.

Le jeune entraîneur que j'étais a pris un repos sabbatique. Je n'avais pas besoin du rugby pour me nourrir. Je gagnais ma vie comme prof de gym, ma femme travaillait à l'hôpital, nous vivions heureux dans la maison que j'avais construite. Au bout d'un an, j'ai été sollicité par Roger Viel, qui venait de prendre la présidence du club de Blagnac ; il était le gérant du restaurant du centre culturel Odyssud. Roger avait été mon coéquipier au Stade, notamment lors de l'aventure de 1980 jusqu'à la finale. Il officiait au centre de la troisième ligne, entre Rives et Skrela, et il était ce qu'on appellerait plus tard un « leader de combat ». C'était non seulement un soldat, respecté sur tous les terrains, mais aussi un homme de cœur. Nous menions des vies différentes mais, si je ne souhaitais pas l'accompagner dans ses activités nocturnes, nous étions néanmoins très liés : j'étais convaincu qu'il ne pouvait rien m'arriver en sa compagnie et que je pouvais lui demander n'importe quoi. Roger avait fait l'essentiel de sa carrière à Graulhet, où il était devenu international B et A'. Avec Blagnac, qui évoluait alors dans l'élite avec un certain Christophe Deylaud, Roger avait participé, à 40 ans, aux huitièmes de finale ; il jouerait jusqu'à 50 ans, avec le TUC-TOEC en championnat régional.

Il avait choisi comme entraîneurs Thierry Merlos, autre coéquipier de la finale 1980, et le Ruthénois Yves Caussé. Pour ma part, j'étais directeur sportif : je ne faisais rien mais Roger tenait à m'avoir à ses côtés. Nous partions en déplacement ensemble, dans sa Mercedes. Blagnac a loupé de peu, devant Châteaurenard, la remontée en groupe A. Le maire, Jacques Puig, est venu m'annoncer que Roger Viel ne serait plus président mais qu'il souhaitait me garder. Venu au BSC grâce à Roger, je ne pouvais le trahir : j'ai quitté le club en même temps que lui. Une année durant, j'ai profité davantage des miens et des copains, des plaisirs de la chasse et de la pêche…

8

RETOUR GAGNANT AU BERCAIL

J'avais quitté le Stade Toulousain depuis trois ans quand j'ai reçu, un matin du printemps 1993 et de très bonne heure, un coup de téléphone de René Bouscatel. Je ne connaissais pas le nouveau président du Stade Toulousain qui avait pris, l'année précédente, les rênes d'un club en crise. C'était un bâtonnier de 47 ans qui ne vivait pas dans le milieu du rugby, même s'il avait été capitaine des juniors « rouge et noir » dans les années 60. Je l'avais seulement aperçu en compagnie de sa fille, un an plus tôt, dans les tribunes du stade de Pau où le Stade Toulousain avait été « sorti » en huitième de finale par Dax, élimination qui avait eu de graves conséquences pour le club. Ayant effectué le déplacement en supporter, je n'avais aucune raison de rencontrer René ce jour-là. Forcément, son appel m'a surpris, surtout quand il m'a proposé d'entraîner l'équipe première avec Serge Laïrle ! J'ignorais que, parmi les pressentis, mon nom avait été cité par Karl Janik, vice-président délégué. René avait certainement sollicité des avis autorisés avant de prendre sa décision : c'est toujours ainsi que je l'ai vu fonctionner par la suite.

L'association Laïrle-Novès pouvait apparaître cohérente puisque nous avions longtemps joué ensemble, que nous exercions la même profession (Serge au collège de Léguevin) et que nous étions, à ce titre, fréquemment en contact. Serge présentait vraiment le profil d'éducateur et son approche technique était des plus pointues, comme il le démontra durant tout son parcours ; naturellement, il serait en charge des avants – il avait occupé tous les postes dans le pack ! – mais il possédait en même temps une vision globale du jeu fort pertinente. J'étais persuadé que je me régalerais en sa compagnie et ce fut le cas. Justement parce que nous avions une attitude différente à l'égard des joueurs, nous étions d'autant plus complémentaires.

Le président nous a donné rendez-vous dans un bistrot de la place du Salin, en face du Palais de Justice. Il nous a présenté son projet, qui ne pouvait que nous séduire : construire sur la durée ; il est vrai que le club n'était pas encore sorti d'une grave crise financière. Serge et moi n'avons pas hésité. Mon retour au club n'a pas fait les gros titres, nous avions tout à prouver. Avant d'élaborer un projet de jeu, il faut constituer un groupe de qualité. Nous avons décidé de promouvoir de jeunes talents, sans pour autant nous couper des anciens. Mieux, nous avons sorti de sa semi-retraite un certain Claude Portolan, parti à Villefranche-de-Lauragais. Nous savions bien que nous ne pouvions nourrir aucune ambition sans un grand pilier droit. Claude en était un : à son talent de joueur, il avait su associer, en parvenant à maturité, une puissance en mêlée exceptionnelle.

Quant au projet de jeu, il a représenté la synthèse de tout ce que nous avions vécu et appris au Stade. Labatut privilégiait la vitesse d'exécution à partir des phases de conquête, Villepreux la prise d'initiative. Pour notre part, nous avons prôné un jeu de mouvement, mais en mettant l'accent sur la préparation physique qui n'allait pas tarder à devenir prépondérante dans le rugby professionnel. À mes yeux d'ancien athlète, il était évident que l'évolution physique des joueurs conditionnait la pratique d'un jeu de plus grande envergure. Nous avons innové en faisant appel aux compétences d'un spécialiste, Dominique Hernandez, champion de France de saut en hauteur et international. Sous sa férule, les joueurs se sont mis au « fractionné », ce qui n'est pas allé tout seul car ils préféraient de beaucoup toucher le ballon. Les « gros » ont ainsi couru des 200 mètres, puis des 300, 400, 500...

Les résultats ne se sont pas fait attendre. Au-delà de la qualité des joueurs, notre hégémonie de quatre ans a tenu essentiellement à notre supériorité physique. Nous avons très souvent fait craquer nos adversaires en seconde mi-temps. Inévitablement, les autres équipes ont travaillé à leur tour et notre avance dans ce domaine a fondu. Les concurrents ont étoffé leur staff, lequel a pu comprendre, par la suite, deux ou trois préparateurs. En 1997, Bernard Faure a tenu un rôle majeur dans le triomphe de Brive en Coupe d'Europe. Au temps béni du « rugby à la française », le temps de jeu effectif était de dix minutes environ : il s'établit désormais à quarante minutes et plus...

Je n'étais pas trop inquiet au moment de me lancer dans l'aventure. Les résultats obtenus avec les juniors du Stade, l'équipe 1 et le collège de Pibrac étaient de nature à me rassurer, mais nous partions quand même de loin. Et nous sommes allés loin ! Personne ne pouvait imaginer que ce Stade Toulousain new-look ramènerait aussitôt le Bouclier de Brennus au Capitole. En phase préliminaire, nous avons terminé premiers de la poule, à égalité avec Auch, et marqué les esprits en infligeant un cinglant 54-0 à Grenoble, finaliste 1993. Nous sommes également sortis premiers de notre poule de play-off (à quatre clubs), ne concédant qu'une défaite, à Narbonne. Au match retour contre les Audois, nous avons perdu Claude Portolan, victime d'une fracture du bras qui, pour tout autre que lui, eût signifié la fin de la saison. Or, Claude a effectué sa rentrée trois semaines plus tard, à Tarbes, en quart de finale contre... Narbonne qui comptait dans ses rangs Codorniou, Marfaing, Bondouy, Dispagne, Labit et Tournaire, tous anciens ou futurs Stadistes. Longtemps en difficulté, nous avons fait la différence sur la fin (26-12), au contraire de la demi-finale de Bordeaux où, après avoir mené 24-9, nous avons dû résister au retour de valeureux Dacquois. En finale, Montferrand a fait flèche de tout bois mais la mêlée du Stade a pris peu à peu le dessus et les hommes de Lhermet ont fini par se brûler au feu qu'ils avaient allumé.

Avec ce onzième titre, Toulouse a égalé Béziers au palmarès. Devions-nous notre réussite à un coup de baguette magique ? L'histoire s'est chargée de fournir la réponse. Ce Bouclier, en tout cas, a rendu nos supporters aussi exigeants qu'euphoriques. Je m'en suis inquiété dès le lendemain du titre et j'ai demandé au président Bouscatel de me recevoir très vite, non seulement pour évoquer le recrutement mais aussi pour préparer la suite. Dès l'enfance, j'ai toujours abordé la compétition avec le désir de mieux faire, qui est presque devenu une obsession. Une telle démarche s'impose si l'on veut atteindre le sommet et s'y maintenir mais elle peut aussi, je l'avoue, causer des dégâts. Elle m'a conduit à des excès, parfois à de l'intolérance, elle m'a valu des inimitiés. Longtemps, le mot « échec » n'a pas appartenu à mon vocabulaire mais il a bien fallu que j'apprenne à perdre pour pouvoir mieux rebondir après un revers.

Il serait fastidieux de conter ici les quatre saisons qui nous ont valu autant de Brennus consécutivement. Ce prodigieux exploit n'avait pas été accompli depuis le tout début du XXe siècle, c'est le Stade Bordelais qui l'avait alors signé. « La vierge Rouge » des années 20 et le grand Lourdes de la fin des années 50 n'avaient pu faire mieux qu'un triplé ; quant au grand Béziers qui m'avait infligé tant de tourments, il avait dû « se contenter » de cinq doublés. Une telle suprématie établissait sans conteste que le Stade Toulousain, vainqueur successivement de Montferrand, Castres, Brive et Bourgoin en finale, était capable de s'imposer dans tous les rugbys et qu'il comptait plus de talents que ses concurrents.

À ma manière, qui est peu encline à l'exultation, je brosse comme suit le tableau de cette fabuleuse période : la première saison, nous ne pensions jamais être champions et nous l'avons été ; la deuxième, nous avons pensé que nous pouvions récidiver et nous l'avons fait ; la troisième, le titre s'est inscrit pratiquement dans l'ordre normal des choses et, la quatrième, il est devenu obligatoire, sinon l'élimination serait apparue comme une énorme contre-performance, susceptible de remettre en cause toutes les compétences. Il était pourtant inévitable qu'elle arrivât un jour. Le seigneur de La Palice aurait dit mieux : plus les succès s'accumulent, plus approche le jour de la chute. À l'automne 1996, nous avons fait naufrage (77-17), à Londres, devant les Wasps. Je reviendrai sur cette déroute et ses conséquences. Reste que nous avons su redresser la barre et conserver le Bouclier. À l'issue de notre victoire sur Bourgoin en finale, la dernière disputée au Parc des Princes, j'ai fait barrer l'accès du vestiaire à certain journaliste qui avait annoncé la fin d'une époque après le désastre chez les Wasps et qui venait interviewer les joueurs comme si de rien n'était, en faisant la fine bouche sur ce quatrième titre d'affilée. J'ai fait fermer la porte pour que nous partagions ce nouveau succès dans l'intimité. Quand elle s'est rouverte, le journaliste s'est à nouveau présenté et, cette fois, c'est moi qui l'ai éconduit. Sans doute ai-je eu tort d'agir de la sorte mais je continue de penser que ce n'est pas moi qui ai manqué de dignité...

Le règne du Stade Toulousain a pris fin l'année suivante, en demi-finale tout de même, mais sur une grosse défaite (39-3) devant le Stade Français, qui allait nous succéder au palmarès. Notre club était le plus gros fournisseur du XV de France et nos internationaux étaient épuisés, à commencer par les piliers Califano et Tournaire. Ce jour-là, à Brive, le Stade Toulousain est redescendu sur terre. Moi qui ai une sainte horreur de la défaite, j'ai presque été soulagé, mais en étant aussitôt animé par le désir farouche de revenir au premier plan. Cette confrontation a marqué le début d'une grande rivalité avec le Stade Français, plus prononcée qu'avec Toulon ou Clermont. Sans doute parce qu'elle opposait la capitale à... la capitale du rugby ; sans doute parce que certaines opérations commerciales du club parisien, largement médiatisées, avaient le don de nous irriter. Personnellement, je n'appréciais guère le calendrier où les « Dieux du Stade » posaient nus ; quand des joueurs du Stade ont été sollicités pour en faire de même, j'ai préféré faire semblant de l'ignorer. Je n'en ai pas moins été admiratif devant le président Max Guazzini et son œuvre. À la faveur d'innovations audacieuses qui ont connu un énorme succès, il a marqué l'histoire de son club et du rugby français. Il a été un grand dirigeant qui a fait de notre sport, peu ou prou confidentiel jusque-là, un grand spectacle.

9

LA PIQÛRE DES GUÊPES

Au beau milieu des quatre Boucliers remportés consécutivement, le Stade Toulousain a déposé la Coupe d'Europe, première du genre. Estimant que le rugby des clubs avait besoin d'une compétition de niveau supérieur, le Stade et son président ont joué un rôle majeur dans la création de la Heineken Cup. Campant au sommet de la hiérarchie nationale, notre club avait l'envie légitime de se confronter à ses homologues européens. À titre personnel, j'ai toujours regretté que nous n'ayons pu nous mesurer aussi au champion du Super Rugby. Las, le calendrier français interdisait un tel projet, d'autant que le Stade parvenait régulièrement au bout de la saison.

En disputant, le 31 octobre 1995, chez les Roumains de Constanza, le match inaugural de la Coupe d'Europe et en s'adjugeant la première édition, notre club s'est définitivement attaché à cette épreuve qui a constitué, dès son lancement et sans discontinuer, un objectif prioritaire. Après avoir été accrochés par Trevise aux Sept-Deniers, nous avons aisément disposé de Swansea en demi-finale, gagnant ainsi le droit d'aller défier chez eux des Gallois autrement plus redoutables, ceux de Cardiff. Pas un instant, ce retour à l'Arms Park n'a remué chez moi les souvenirs de mon premier match international : je pensais seulement à ceux que les joueurs pouvaient s'offrir pour le restant de leur existence. Dans le chapitre consacré au championnat, je révèle ma façon de préparer une finale. Celle-ci était vraiment particulière, non seulement parce qu'elle était la première du genre mais aussi parce qu'elle se disputait à une date tout à fait inhabituelle : le 7 janvier. Les joueurs ont été au rendez-vous, ainsi que le spectacle qui a immédiatement donné à la Coupe d'Europe ses lettres de noblesse. Nous avons démarré en trombe, menant 12-0 à la faveur de deux essais sur lesquels s'est exprimé tout le talent de Thomas Castaignède, mais les Gallois sont revenus au score en bénéficiant d'une pluie de pénalités. La cinquième réussite de... Davies (le Durand du pays de Galles) a permis à Cardiff d'arracher les prolongations et m'a mis dans une telle fureur contre le *referee* que Serge Laïrle a dû me retenir ; par la suite, ce fut souvent le contraire... Ayant rapidement repris mes esprits, j'ai fait en sorte de mobiliser de nouveau des joueurs ébranlés par ce coup du sort, alors qu'ils pensaient la victoire acquise. Au moment d'ajuster la pénalité de la victoire, le pied de Christophe Deylaud n'a pas tremblé.

Cette finale a suscité un bel enthousiasme mais la valeur du trophée a pu être minimisée. Pas par nous, bien que nous ayons mis la coupe en morceaux à notre retour à Toulouse : elle était extrêmement fragile et elle s'est brisée quand Deylaud et moi l'avons malencontreusement laissée échapper. Il est vrai que cette première édition avait été mise sur pied à la hâte, que douze équipes seulement avaient été conviées et que ni l'Angleterre ni l'Écosse ne participaient. Les réserves ont été de courte durée puisque les Anglais sont entrés dans la danse dès la seconde édition et que le Stade Toulousain a inscrit encore trois fois son nom au palmarès. Seul le Leinster a fait aussi bien. Les Irlandais, que ce soient ceux du Munster ou du Leinster, ont été nos plus redoutables adversaires mais il convient de remarquer qu'il s'agit d'équipes de province et qu'elles sont automatiquement qualifiées alors que seuls les clubs français les mieux classés en championnat disputent la Coupe d'Europe. J'avoue que la qualification européenne constituait pour moi une motivation supérieure alors que la participation à la phase finale du championnat était quasiment acquise avant le début du championnat. Nous ne préparions pas la Heineken Cup dans la semaine précédant le match mais deux mois en amont. Nous attendions tous avec grande impatience cette compétition qui nous faisait changer de peau et pénétrer dans une autre dimension. Il n'était pas nécessaire de trop « remonter les pendules », je gardais les mots les plus forts pour les grands événements, en m'appliquant à varier discours et préparations. Par exemple, pour la finale 2010 contre Biarritz, j'avais demandé à l'analyste-vidéo, Julien Barès, de réaliser un montage d'actions positives : je voulais que les joueurs s'imprègnent de ce qu'ils étaient capables d'accomplir : des relances réussies, des essais de quatre-vingts mètres, des prouesses collectives et individuelles. Le même clip rendait hommage à Jean Lacroix, incontournable dirigeant que nous venions de perdre, et à tous les garçons privés de finale pour cause de blessure. Je tenais à ce que les joueurs soient habités par l'envie de faire honneur à tous ceux qui avaient donné, pendant la saison, le meilleur d'eux-mêmes pour que l'équipe en arrive là. Au retour de l'entraînement du capitaine, qui avait eu lieu au Stade de France, j'ai réuni le groupe, avant le dîner, dans la salle de l'hôtel qui nous était réservée. La lumière s'est éteinte et les images ont défilé, accompagnées d'une musique spécialement choisie. Quand la lumière est revenue, régnait un silence absolu. Une projection de ce genre ne peut être qu'exceptionnelle : je n'y ai eu recours que trois ou quatre fois dans ma carrière.

En 1996, le Stade Toulousain a signé le doublé Heineken Cup-championnat, les deux finales s'étant disputées à cinq mois d'intervalle. Dès qu'elles ont été programmées à la même période, l'exploit est devenu impossible. Brive, qui nous a succédé au palmarès de la Coupe d'Europe, en a fait l'amère constatation quand il a été éliminé par Colomiers au premier tour de la phase finale du championnat 1997. Champions d'Europe en 2003, nous avons baissé pavillon en finale du championnat devant le Stade Français ; champions de France en 2008, nous avons perdu la finale de la Coupe d'Europe devant le Munster. De la même façon qu'un temps de 9"58 au 100 mètres peut sembler impossible, jusqu'à ce que Bolt le réalise, j'ai jugé impossible le doublé... jusqu'au triomphe total de Toulon en 2014, exception confirmant la règle. Je demeure convaincu que le doublé ne peut s'envisager sans un sacré effectif et une sacrée réussite. Ayant rassemblé sur la rade une constellation de vedettes mondiales, Toulon est devenu quasiment intouchable et a remporté trois fois de suite la Coupe d'Europe. Au contraire, nos quatre titres (pour six finales) ont été espacés, ce qui atteste une présence durable au sommet de la hiérarchie et une régularité dans la performance avec des groupes différents.

Le Stade Toulousain a toujours mis un point d'honneur à courir après deux lièvres. D'autres clubs français, qui accordaient la priorité au Top 14, n'ont pas hésité à « lâcher » la Coupe d'Europe à la première défaite. Peut-être n'avaient-ils pas les moyens de figurer sur les deux tableaux mais leur attitude a parfois faussé la compétition, dans la mesure où ils n'ont plus opposé de résistance à ceux qui étaient, dans d'autres poules, nos rivaux : en effet, les places qualificatives de meilleur second étaient attribuées, en cas d'égalité, en fonction du total d'essais ; de même pour le classement des premiers qui déterminait ceux qui disputeraient le quart de finale à domicile. Le Stade Toulousain n'a jamais envisagé de faire l'impasse sur un match de Coupe d'Europe, même quand il s'est trouvé éliminé avant la fin des poules : le président Bouscatel avait su me sensibiliser au respect dû à nos partenaires. Je salue, au passage, ceux qui ont apporté au club un soutien vital et que nous n'avons pas regardés comme des acteurs commerciaux mais comme des membres de la famille. Ils n'ont pas eu, je pense, à se plaindre de ce qu'ils appellent le retour sur investissement. En me gardant bien de toute considération pécuniaire, je retiendrai seulement que le Stade Toulousain est devenu, de l'aveu des dirigeants de la firme eux-mêmes, l'étoile de Nike dans le rugby. À telle enseigne qu'après notre deuxième Heineken Cup, notre équipementier a effectué une démarche insolite auprès de l'institut international qui référencie les astres et vend des droits symboliques. Il a acheté deux étoiles qui ont été baptisées « Stade Toulousain 1996 » et « Stade Toulousain 2003 ». Des posters de la galaxie indiquant la position des étoiles avec les horaires GMT ont été distribués sur la place du Capitole.

Pour ma part, j'ai toujours préféré garder les pieds sur terre et, pas plus que les succès ne m'ont tourné la tête, les déconvenues n'ont jamais remis en cause ma détermination. Elles font partie du parcours, comme les peines font partie de la vie, et se mettent au diapason de l'événement. Il en est une, cependant, sur laquelle je tiens à revenir car elle a marqué à jamais l'histoire du club, pas seulement par l'ampleur monstrueuse du désastre. Il ne s'agit pas d'une défaite en finale ou en demi-finale, pas même d'une élimination en phase préliminaire, rien de tout ça. Le 26 octobre 1996, sur leur pelouse du Loftus Road Stadium, les London Wasps ont atomisé (77-17) un Stade Toulousain qui, tenant du titre européen et national, semblait intouchable. Peut-être, inconsciemment, le pensions-nous aussi… Nous avions disputé nos deux premiers matchs de poule à trois jours d'intervalle, l'emportant à Milan puis aux Sept-Deniers contre Cardiff à la faveur d'une prestation de grande qualité. Dans la foulée, nous avons effectué le voyage à Londres sans la concentration nécessaire, d'autant que les Wasps n'étaient plus en course pour la qualification : c'était oublier que les Britanniques se livrent avec autant d'ardeur quand le match est sans enjeu, selon nous amical. Les Anglais ont tout réussi face à une équipe diminuée par plusieurs absences de marque. Pourtant, nous étions encore dans la course en début de deuxième mi-temps et nous menacions même la ligne anglaise quand nous avons encaissé un essai en contre de quatre-vingts mètres. La trappe s'est ouverte sous nos pieds et nous avons été submergés par une équipe déchaînée et euphorique ; un certain Taione, habituellement troisième ligne mais ailier ce jour-là, a notamment fait des ravages dans notre défense dépassée. C'était la première apparition de Xavier Garbajosa en équipe fanion : il était en droit de se demander où il avait mis les pieds et s'il n'avait pas fait un passage éclair ! Au contraire, il a marqué des points à mes yeux, affichant une rare bravoure dans la tempête ; j'ai cru me revoir à mes débuts, sur le terrain de Tulle.

C'est dans de tels moments, et pas dans les triomphes, qu'un club démontre qu'il est grand... ou pas. La réaction du Stade Toulousain, à tous les étages, a été digne de sa renommée : j'en ai pris parfaitement conscience et elle m'a marqué durablement. Partout ailleurs ou presque, une telle bérézina eût provoqué automatiquement la remise en cause des entraîneurs, voire leur éviction. Je rendrai toujours hommage au président Bouscatel pour n'avoir pas cédé à la tentation de la facilité. Il nous avait accordé sa confiance et elle n'a pas été ébranlée par un accident. Nous marchions main dans la main et nous avons continué. Nous avions décidé de fonctionner dans la transparence et nous avons échangé en permanence nos avis sur les grands dossiers, sur les choix en matière de recrutement. Le président a compris qu'il serait néfaste de m'imposer des joueurs qui ne correspondraient pas à mes critères. Nous avions convenu de tout nous dire, à savoir ce qui est le moins agréable à entendre. Un jour, avant un match à Bayonne, René est intervenu dans la préparation et s'est montré trop familier avec les joueurs. Je n'ai pas hésité à me rendre dans son bureau, le lundi, pour effectuer une mise au point que j'estimais indispensable : René a reçu mon message avec une sincère émotion et l'incident a été immédiatement clos.

Il m'appartenait de déceler les raisons de notre déroute londonienne et de protéger les joueurs pour éviter traumatisme et perte de confiance. Selon moi, il n'y avait pas à remettre en cause les joueurs, les entraîneurs ou les dirigeants mais tous les acteurs. Il n'y avait pas à réviser tel ou tel rouage mais à abolir une structure et un fonctionnement rendus obsolètes par l'avènement du professionnalisme.

Ce douloureux épisode a servi à faire bouger les lignes, de la même manière que la déroute enregistrée, l'année suivante, par le XV de France devant les Springboks, à l'occasion du dernier match au Parc des Princes, a provoqué un changement radical de cap qui s'est soldé par un grand chelem dans la foulée.

René Bouscatel s'est rapproché de Claude Hélias, avec lequel je m'étais lié d'amitié quand il était, pour pouvoir payer ses études d'expert-comptable, surveillant au collège de Pibrac. À la tête d'un important cabinet toulousain, il avait sponsorisé les équipes du collège engagées dans les championnats de France scolaires et c'est ainsi que s'était établi un lien de plus en plus fort. Le président a jugé qu'il était l'homme idoine pour entreprendre le développement économique du club, condition sine qua non à son maintien au premier plan. Claude n'a pas tardé à démontrer sa compétence : il a mis en place une gestion parfaitement adaptée au professionnalisme et doté le club d'un budget en rapport avec ses ambitions. Il a fait du Stade Toulousain un modèle mais sa rigueur lui a forcément valu des inimitiés, essentiellement de la part de ceux qui avaient pris de mauvaises habitudes et qui n'étaient pas regardants pour les dépenses... à la charge du club ; par exemple, les dirigeants d'une équipe de jeunes ayant fêté, en revenant de déplacement, la victoire au restaurant n'ont plus envoyé l'addition à la trésorerie.

J'ignore les détails des innombrables entretiens entre René et Claude mais je sais que leur connivence a été une aubaine pour un club dont le déficit avait défrayé la chronique, que mon travail s'en est trouvé facilité et ma position renforcée. Cette connivence a duré jusqu'en 2010, jusqu'à ce que le torchon commence à brûler entre le président de la SAOS et le trésorier, devenu président du Conseil de surveillance. L'hypothèse faisant de Claude le successeur de René n'était pas à exclure et le président s'est peut-être senti menacé. Le conflit entre mon président et mon ami m'a sérieusement perturbé, moins à titre sportif que personnel. Contrairement à ce qui a été colporté, je n'ai pas choisi mon camp. Chacun avait ses partisans et j'ai fait mon possible pour apaiser les esprits, pour éviter une crise dont le club allait forcément pâtir. La querelle s'est soldée par le départ de Claude, qui a constitué une lourde perte pour le club.

L'autre décision importante résultant du naufrage chez les Wasps a été de confier la responsabilité du recrutement à Jean-Michel Rancoule. L'amitié avec « Jean-Mi » s'était forgée sur les terrains. Il était arrivé de Lourdes, club mythique, en 1979. Son père Henri, ailier lui aussi, souvent champion de France et international, l'avait plongé dans la bassine du rugby dès sa naissance. Son intronisation au Stade s'était déroulée chez « Carmen », restaurant réputé du quartier des abattoirs. Non content d'aller très vite, Jean-Michel jouait très juste, maîtrisant tous les aspects du rugby. Il était donc en mesure d'initier un mouvement comme de le conclure et c'est pourquoi il avait été placé à l'ouverture, jusqu'à la finale, au cours de sa première saison en rouge et noir. Il possédait toutes les qualités mais il avait besoin de se sentir en sécurité : Philippe Rougé-Thomas et moi-même, qui étais son compagnon de chambre, nous nous chargions de le protéger.

Je savais « Jean-Mi » capable, intellectuellement d'abord, de procéder au recrutement le plus judicieux, mission délicate et capitale : il était réfléchi, posé, jamais buté. Recruter, ce n'est pas imposer des conditions, c'est savoir écouter, argumenter, convaincre, établir une relation de confiance des mois ou des années avant la signature du contrat. Recruter, c'est aussi avoir l'œil du maquignon, qualité innée que possédait le regretté Robert Labatut. J'avoue qu'à maintes reprises, quand mon ami m'a proposé des joueurs sans renom, Cédric Desbrosse ou Vincent Clerc par exemple, je lui ai demandé s'il parlait sérieusement. Quand il a fait signer Christian Labit, future coqueluche du public toulousain, il m'a demandé d'aller le rencontrer à Narbonne, où il était déjà adulé. Je n'ai donc pas découvert cet immense talent mais j'ai compris que je devrais le canaliser. Les premiers temps, malgré mes remarques et... quelques efforts de sa part, il arrivait trop souvent en retard à l'entraînement. J'ai changé de ton, donné un dernier avertissement et fini par renvoyer « Nache » chez lui. Après quoi, il a toujours été ponctuel et... nous sommes devenus de grands amis. Tous deux passionnés de chasse, nous avons partagé des moments merveilleux dans la nature.

Je ne saurais dire quel a été le plus beau « coup » réussi par Jean-Michel Rancoule, tant ils ont été nombreux. Je ne peux m'empêcher d'en citer quelques-uns, en espérant que les oubliés ne m'en voudront pas trop. Je commence par Fabien Pelous qui affirmait, quand il portait les couleurs de Graulhet, qu'il ne signerait jamais au Stade Toulousain : il a ainsi opté pour Dax, avant de s'engager au Stade presque à contrecœur et d'avouer par la suite… qu'il aurait dû le faire plus tôt ! Fabien a formé avec Patricio Albacete l'un des meilleurs attelages du monde, l'Argentin forçant également l'admiration en tant qu'homme. Il en va de même pour Thierry Dusautoir, que nous avions repéré quand il portait le maillot de Colomiers et qui est devenu le leader incontesté du Stade Toulousain : je suis particulièrement fier qu'il m'ait sollicité pour lui remettre la Légion d'honneur. Yannick Jauzion, lui, végétait à Colomiers après avoir été international en Afrique du Sud en 2001 : il est indéniable qu'il a pris une dimension exceptionnelle au Stade Toulousain pour devenir une pièce maîtresse du XV de France et figurer, à l'instar de Philippe Sella, parmi les plus grands centres, et pas seulement par la taille, de l'histoire du rugby. Au même titre que Dusautoir et Albacete, je considère Vincent Clerc comme un joueur exemplaire. Il a signé au Stade en 2002 et Rancoule m'a souvent taquiné en arguant que je ne souhaitais pas sa venue : la vérité est que Jean-Mi avait pris rendez-vous à Grenoble avec le centre Geoffrey Messina et qu'il est revenu avec l'ailier Clerc ! J'ai vu débarquer Vincent à la brasserie du Stade dans les jupes de sa mère : sa morphologie était beaucoup plus proche de celle de Kolbe que de Lomu ! Son assiduité au travail l'a rapidement propulsé vers les sommets et sa volonté, peu commune, lui a permis de retrouver son meilleur niveau après de sérieuses blessures. Qu'il soit devenu mon gendre n'a pas modifié notre relation sportive et il n'a ni recherché ni obtenu un traitement de faveur. L'homme est au diapason du joueur et je suis fier de le compter dans ma famille, comme mon second gendre Benjamin et ma belle-fille Florence.

Je n'oublie pas le All Black Lee Stensness, avec qui nous avons remporté le titre en 1999. Il avait choisi la finale, face à Clermont et à Merceron, pour réaliser son meilleur match sous le maillot du Stade : il marqua le premier essai et offrit le second à Desbrosse. Avec Ntamack et Desbrosse, Stensness formait un triangle d'attaque qui ne courait pas les rues, à plus de 100 kg de moyenne ! Je n'oublie pas davantage le Fidjien Rupeni Caucaunibuca, réputé ingérable, perdu pour la patrie agenaise et les autres quand nous l'avons sollicité. Comme nous avions engagé son ami Vilimoni Delasau, très influent au sein de la communauté fidjienne, à titre de joker médical, j'ai pensé qu'il serait ainsi plus facile de relancer « Rups ». A priori, le challenge était insensé, notamment parce que Caucaunibuca accusait une importante surcharge pondérale et qu'il ne semblait nullement disposé à changer de régime. Je l'ai soumis au dégraissage et il a retrouvé, à défaut du niveau mondial, une forme qui l'a rendu de nouveau redoutable sur tous les terrains du Top 14. Phénomène du rugby, Caucaunibuca l'était aussi dans l'extravagance : il avait l'habitude de jeter son téléphone à la fin de la communication ! À un certain moment, pas moins de... dix-sept personnes étaient mobilisées au club pour s'occuper de lui et de sa famille ! J'ai appris par la suite qu'il avait déclaré que son passage au Stade constituait le meilleur souvenir de sa carrière. Signant les deux essais de la demi-finale 2011 contre Clermont, il nous a permis d'aller chercher un Bouclier de plus au Stade de France.

Je n'ai pas besoin de rappeler les prouesses des All Blacks Byron Kelleher et Luke McAlister, deux fabuleux joueurs qui, avant de payer la note de leurs excès, ont hissé l'équipe sur les sommets et fait braquer sur elle les projecteurs. Gareth Thomas était du même calibre : légende du rugby gallois pour avoir porté 100 fois le maillot aux trois plumes d'autruche et commandé 50 fois les Diables Rouges, il a défendu la tunique toulousaine avec la même ferveur et le même talent. Il a tenu sur mon compte des propos magnifiques que je ne risque pas d'oublier. Florian Fritz occupe une place de choix dans la catégorie qui m'est chère, celle des guerriers. Dès son arrivée de Bourgoin, il a fait pour longtemps l'unanimité par son punch et son engagement.

Je ne cacherai pas que je me suis pris d'affection pour certains joueurs venus de loin. Des Census Johnston, Daan Human, Joe Tekori sont des gars charmants et j'ai admiré, moi qui suis tellement attaché à ma famille, qu'ils parviennent à vivre si loin de la leur. Loin de prétendre m'y substituer, je me suis efforcé de leur apporter un peu de chaleur.

Qu'il me soit permis de souligner de plusieurs traits le nom de Trevor Brennan. J'ai toujours eu un faible pour les guerriers. Les garçons qui fuyaient le combat n'ont pas fait carrière au Stade Toulousain quand je dirigeais l'équipe.

En 2002 pourtant, en demi-finale devant Agen à Montpellier, notre ligne d'avants a été défaillante dans l'épreuve du bras de fer et « Jean-Mi » Rancoule a su me rafraîchir la mémoire : plus tôt dans la saison, au Leinster, un certain Brennan avait marqué les nôtres au fer rouge et nous étions repartis avec 40 points dans la valise. Nous avons jugé nécessaire de recruter ce gaillard qui n'avait peur de rien ni de personne. Je suis passé outre l'opposition quasi générale. Brennan passait pour un cinglé, intenable : j'ai toujours aimé me confronter à ce genre de personnage, convaincu que la pire des apparences cache parfois le meilleur. La saison suivante, nous avons retrouvé le même adversaire, au même stade de la compétition et sur le même terrain ; la musique, en revanche, a été différente avec Brennan et nous avons pris notre revanche sur Agen.

Plusieurs événements ont rendu très forte ma relation avec Trevor. Son histoire ne pouvait me laisser indifférent : il était parti de rien, il avait vendu des journaux, distribué le lait... Cette saison-là, à Castres, j'avais fait mon habituel briefing et laissé, comme toujours, les joueurs seuls au vestiaire pour les dernières minutes précédant l'entrée sur le terrain. Je me trouvais donc au bord de la touche quand j'ai aperçu un ami dans la tribune. Pour pouvoir le rejoindre et lui dire quelques mots, j'ai enjambé la balustrade et suis monté dans les travées. Quand l'équipe est sortie pour l'échauffement et que j'ai voulu rejoindre le banc, deux colosses m'ont barré le passage : « Vous avez votre accréditation? Sans elle, vous n'allez pas sur le terrain. » Mes explications se heurtant à un mur, j'ai senti la colère monter. En de telles circonstances, ce n'est pas le gabarit de l'interlocuteur qui peut l'empêcher de s'exprimer. J'ai secoué la grille frénétiquement et Trevor, qui s'échauffait, a vu la scène. Il est arrivé à fond de train et avec une telle détermination que les cerbères m'ont aussitôt cédé le passage. Toujours à Castres, un an plus tard, les rôles ont été renversés. Trevor affirme que je lui ai sauvé la vie. Il était en train d'avaler sa langue, je suis rentré sur le terrain et j'ai desserré sa mâchoire avec mon doigt, comme Berbizier l'avait fait pour Dubroca avec le drapeau de touche, lors de la finale 1986. Le bon réflexe au bon moment : c'est ainsi que j'ai sauvé ma propre vie. Elle aurait pu s'achever dans le parc à huîtres et moules de Leucate, un jour que je pratiquais la chasse sous-marine. En apnée, je me suis collé au fond, à quatre bons mètres de la surface. Au moment de remonter, j'ai constaté que j'étais immobilisé ; je suppose que la ceinture s'était coincée sous un rocher. Je n'ai pu m'en défaire car elle avait vrillé et je ne pouvais saisir la boucle métallique. J'ai réagi en m'accrochant aux cordes qui flottaient au-dessus de moi : je suis remonté à la force des bras et, bien que tiré vers le fond, je me suis accroché à un poteau ; j'ai fini par tordre la boucle de la ceinture pour me délivrer. L'incident n'était pas clos pour autant. Après avoir récupéré un petit quart d'heure sur le bateau, j'ai voulu aller chercher le fusil que j'avais lâché. J'ai remué en vain la vase, je n'y voyais plus rien. À force de fouiller, je me suis retrouvé nez à nez avec le fusil chargé, dont la pointe était dirigée vers mon œil...

Le réflexe et la chance ont encore été de mon côté alors que je rentrais de Mazamet avec mon épouse. Un tracteur sortant d'un chemin nous a coupé la route : au dernier moment, j'ai donné un coup de volant et nous avons, moindre mal, terminé sur le terre-plein.

Trevor Brennan n'est pas de ceux qui demeurent dans l'indécision face au danger. Son ardeur était parfois excessive, elle nous valait pas mal de pénalités et je lui en faisais le reproche. Un jour pourtant, à Clermont-Ferrand, il a su conserver son sang-froid alors qu'il avait été agressé. Dès le retour au vestiaire, j'ai réuni le groupe et j'ai donné Trevor en exemple. Tous les joueurs m'ont entendu dire qu'il était encore plus fort que je ne pensais car capable de prendre des coups sans les rendre, ce qui était beaucoup plus difficile que se venger. Je crois que le message a été utile à moyen terme... Trevor a tant donné pour le Stade Toulousain que sa fin de carrière m'a plongé dans la consternation. En janvier 2007, nous recevions l'Ulster et Brennan était remplaçant ; pendant qu'il s'échauffait avant de rentrer sur le terrain, un supporter irlandais n'a cessé de l'insulter, associant même sa mère à l'outrage. Dès le coup de sifflet final, Trevor est monté dans la tribune pour se faire justice, pas la bonne hélas car il a été radié par l'ERC, sanction confirmée par l'International Board. Bien évidemment, je suis allé défendre le joueur devant la commission de discipline, non seulement parce que j'en avais le devoir mais parce que j'avais la plus grande estime pour Trevor, un chic type, loyal et fidèle.

1. Au vieux stade Ernest-Wallon, théâtre de mes premières années de rugby, en train de jouer... les va-nu-pieds.

2. Au côté de Michel Jazy, légende du sport français, je suis interviewé par Michel Drucker à Capbreton en 1971, durant le stage national cadets.

3. Charléty, 1971 : je viens d'établir un nouveau record de France du 1.200 m cadets. Un record imbattable car la distance a été supprimée !

4. Mon frère et moi *(à droite)* à Leucate, pendant les vacances. Je devais avoir 6 ans.

5. Mon premier match avec le XV de France, le 11 novembre 1977 au Stadium Toulousain, pour une victoire (18 sur les All Blacks de Graham Mourie.
De gauche à droite, debout: Paco, Paparemborde, Skrela, Cholley, Joinel, Guilbert, Imbernon, Palmié ; *accroupis:* Bustaffa, Bertranne, Aguirre, Fouroux, Romeu, Sangalli et moi.

6. L'un des rares ballons que j'ai touchés lors de France-Roumanie (9-6) du 10 décembre 1977, à Clermont-Ferrand ; dans ma foulée, Jean-Michel Aguirre.

7. Partie de poker lors d'un déplacement en train. On dirait que j'ai pris beaucoup de plaquettes à Jean-Michel Ranco

8. Avant un match profs-élèves à Pibrac dans les années 80. Claude Hélias *(debout, le premier en partant de la gauch* est toujours à mon côté. Il était alors surveillant.

 équipe de ma première finale, perdue d'un cheveu devant le grand Béziers, le 25 mai 1980 au Parc des Princes.
auche à droite, debout: Bentaboulet, Olhasque, Breseghello, Laïrle, Rives, Coutin, Skrela, Comet, Viel, Santos;
oupis: Colmagro, Merlos, Rancoule, Gabernet, Martinez, Salsé, Husson, Harize, Novès.

Saint-Martin-du-Touch, le 16 janvier 1981 : le jour où Françoise est devenue ma femme.

ans le « paddock » du Parc Lescure de Bordeaux, après la demi-finale de 1985 contre Montferrand,
ompagnie de Bonneval, Gabernet et Santamans. J'avais échangé mon maillot…

12. Yves Bressy vient de donner le dernier coup de sifflet de la finale 1985. Toulon est à genoux et moi aussi, pour la raison contraire : il y avait dix ans que je courais après la récompense suprême.

13. Dans le vestiaire du Parc des Princes, je savoure mon premier titre en compagnie du trio d'entraîneurs Rob Bru-Pierre Villepreux-Jean-Claude Skrela. Sans imaginer une seconde que je leur succéderai.

14. Le titre de 1985 avait valu à quatre stadistes d'être invités à l'hippodrome de La Cépière pour une confrontation en trot attelé avec quatre footballeurs du TFC. J'aimais bien m'occuper, à l'occasion, des chevau de course et j'ai gagné les quatre réunions de ce genre auxquelles j'ai participé.
De gauche à droite : Novès, M. Lopez, Stopyra, Ferratge, Rancoule, Gabernet, Tarentini et Christophe.

15. Manœuvre à Pibrac, sur le chantier de ma future maison, en 1986 ; au fond, mon père.

ı balcon du Capitole,
manche 25 mai 1986.
uche à droite, Maset,
rvet, Gérard et Claude
olan auxquels je raconte
histoire et Rancoule.

étanque présidentielle
994, l'année où René
scatel partageait
uteuil avec Jacques Fabre
uche).

vec Christophe
aud, pièce maîtresse
tade Toulousain lors
quatre titres remportés
écutivement de 1994
97.

vec Albert Sadacca,
novible toubib du Stade
lant un quart
ècle. On reconnaît
i le dos puissant
hristian Califano.

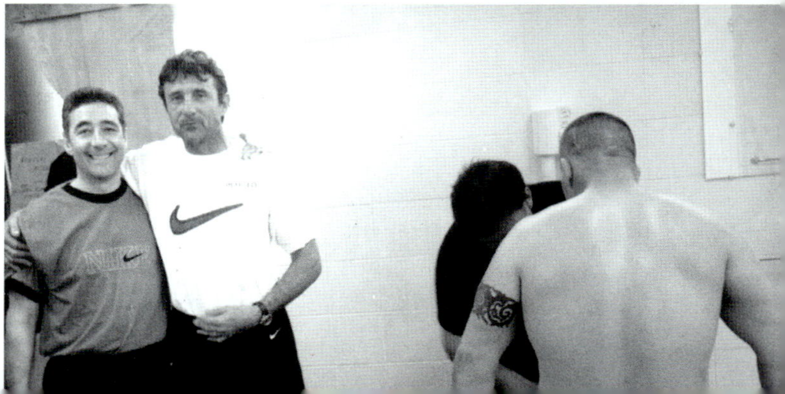

20. Une date historique pour le rugby et pour notre club : le 7 janvier 1996, le Stade Toulousain s'adjugeait, à Cardiff, la première Coupe d'Europe.

21. Avec Serge Laïrle, mon partenaire sur tant de campagnes, et le Bouclier obtenu contre Brive, en 1996. La passe de trois deviendrait passe de quatre.

22. Sur la pelouse du Parc des Princes, le bonheur de la passe de quatre partagé avec Claude Hélias, à l'issue de la victoire sur Bourgoin en 1997.

23. Les époux Novès et le Bouclier à Leucate, en août 1997.

n loup (de mer) dans la bergerie, plus exactement dans le mas de mon copain Olivier Boniface,
.ai 1998 à Leucate.

:es parents entourés de Valérie, Vincent et Julie, fin 1998.

ıilippe Douste-Blazy dans notre vestiaire du Stadium, en avril 2000. Député, maire ou ministre,
ıit, bien que de descendance lourdaise, un fidèle supporter du Stade Toulousain.

ans les bras de Françoise et Valérie, après le titre de 2008. À gauche, Julie et Vincent.

28. Sur le tournage du film « Le fils à Jo », en novembre 2009 dans le Tarn.
De gauche à droite, debout: Bonneval, Viars, Rousset, Lanvin, Novès, Pelous, Moscato ; *accroupis :* Blanc, Rousset, le réalisateur Philippe Guillard, Delaigue, Bernat-Salles.

29. Au retour d'une partie de pêche à Leucate, avec Jean-François Icard, Jean-Michel Giraud et « Jean-Mi » Rancou

30. Chez moi avec papa, sur la fin de sa vie.

31. Le staff tricolore qui n'a pu aller au bout de sa mission. *De gauche à droite :* Jeff Dubois, Gérald Bastide, le sélectionneur et Yannick Bru.

Je me revoyais trente ans plus tôt, grimpant au grillage dans les mêmes circonstances : j'aurais pu être radié plusieurs fois ! Jugeant que le comportement de Brennan n'était pas digne d'un sportif professionnel, les instances européennes ont voulu faire un exemple. Le passé du joueur n'a pas plaidé en sa faveur. Selon moi, Trevor aurait dû bénéficier de circonstances atténuantes car, sur un terrain comme dans la vie, il n'est pas possible de tout accepter. Je n'ai pas été entendu mais je crois me souvenir qu'un footballeur de grand renom a donné un coup de tête à un adversaire en finale de la Coupe du monde et qu'il a été reçu, le lendemain, par le président de la République…

Par principe et par plaisir, j'ai toujours défendu mes joueurs et je ne l'ai regretté qu'une fois. C'était aussi en Coupe d'Europe, mais au pays de Galles. Un garçon que je préfère ne pas nommer a été expulsé. Avant de l'accompagner devant la commission de discipline, je lui ai demandé ce qui s'était passé et il a juré ses grands dieux qu'il n'avait commis aucun mauvais geste. Lors de la comparution, je n'ai donc pas hésité à reprocher à l'arbitre son erreur, sauf que des images accablantes pour notre joueur étaient projetées au même moment. Je me suis senti trahi, le menteur n'a plus rejoué et la porte de sortie lui a été grand ouverte en fin de saison.

Une déconvenue de ce genre ne pèse pas lourd dans la balance vis-à-vis des immenses satisfactions que m'ont procurées les joueurs et les hommes. Le Stade Toulousain s'est construit un fabuleux palmarès et chacun a apporté sa pierre à l'édifice mais celle de Jean-Michel Rancoule n'est pas loin de la tonne. Certes, il n'agissait pas seul et il m'a souvent demandé d'intervenir, soit lors du premier contact soit au moment de conclure l'affaire. N'empêche qu'il faisait l'essentiel du boulot, à savoir le repérage et le suivi. Il traitait aussi avec les agents : il était beaucoup plus diplomate que moi et très à son aise dans cette relation qui m'a toujours déplu car je ne conçois de discussion qu'avec le joueur, pas avec son représentant. L'avènement des agents m'a perturbé mais je n'ai pas eu le choix, les clubs acceptant même de payer les commissions.

Jean-Michel parlait en mon nom et je lui faisais une confiance totale. Son travail de prospection et sa perspicacité ont permis de renouveler l'équipe en la maintenant au plus haut niveau. Ainsi s'est tracé un cercle vertueux, les grands joueurs amenant les résultats et les résultats amenant les grands joueurs. Bien sûr, ces derniers ne venaient pas pour rien au Stade mais ils pouvaient gagner autant, sinon plus, ailleurs : ils venaient pour gagner des titres, pour vivre des moments qui ne s'achètent pas.

Voilà à quoi peut servir une déroute, à condition d'être lucidement et sainement analysée. Je précise que les piqûres de guêpes (*wasps*) ne nous avaient pas privés de la qualification, acquise une semaine plus tard contre le Munster, avec 60 points à la clé : ce résultat, lui, est complètement tombé dans l'oubli ! Cependant, comme nous avions terminé seconds derrière Cardiff, nous avons dû nous déplacer en quart, puis en demi-finale : nous l'avons emporté à Dax mais le voyage à Leicester nous a été fatal. Cinq mois plus tard, nous étions champions de France pour la quatrième fois d'affilée. D'autres titres devaient suivre et la question reste à jamais sans réponse : le Stade Toulousain aurait-il continué à garnir sa vitrine si, un jour d'octobre 1996, à Londres... ?

10

MANAGER, QU'ÈS ACO ?

Le duo que je formais avec Serge Laïrle et qui venait de conquérir quatre Brennus n'a pas résisté à la lourde défaite en demi-finale du championnat 1998. Serge était à bout. Il ne supportait plus que certaines personnalités de la ligne d'avants ne soient plus à son écoute et il vivait mal la pression qu'exerçaient quelques dirigeants et entraîneurs pour que Daniel Santamans le remplaçât. Effectivement, Daniel effectuait du très bon travail avec les jeunes depuis plusieurs saisons et sa promotion apparaissait logique. Pour autant, Serge ne méritait pas le sort qui lui a été fait : il avait énormément bossé, énormément apporté. Il a pris une année sabbatique avant de s'engager à Brive. Nous avions un tempérament différent et Serge n'était guère enclin à s'épancher auprès des médias. Les résultats du Stade Toulousain m'ont valu des louanges qui ont minimisé sa contribution, quand elle n'a pas été occultée. Après tout, les exploits des attaquants que j'entraînais avaient été permis par la domination des avants dont Laïrle était en charge.

Un talonneur a succédé à un talonneur. Pour le titre de 1986, c'était Serge qui avait succédé à Daniel, champion en 1985. Santamans était un talonneur de petit gabarit mais il était indomptable et son engagement, parfois excessif, forçait le respect. En dehors du terrain, c'était un garçon adorable. Je l'ai reçu chez moi. Il était déterminé, enthousiaste : il m'a juré que je pouvais compter sur lui. Je l'ai averti qu'il changeait d'univers, que le haut niveau ne pardonnait rien et que la solidarité n'était pas quelque chose qui se décrète mais qui se démontre. Le jour du départ pour le stage inaugurant la saison, Daniel est arrivé avec une demi-heure de retard au rendez-vous, en jonglant avec plusieurs téléphones : je me suis dit que c'était mal barré...

Par rapport à la rigueur du professeur Laïrle, le changement était radical. Cependant, Santamans planifiait les phases de conquête avec la plus grande minutie et cette saison nous a valu la plus belle des satisfactions : un cinquième Bouclier en six ans ! Également la plus belle des revanches. En quart de finale, nous avons reçu le Stade Français au Stadium et nous avons renversé le champion encore plus bruyamment que ne l'avaient fait les Parisiens l'année précédente, en demi-finale : 51-19, sept essais à la clé ! En amont, les médias n'avaient pas manqué de se repaître de ce deuxième épisode de la rivalité entre la capitale du rugby et la capitale tout court. Ils n'ont pas tardé à transformer ce choc des champions en « classico », calqué sur celui qui enflammait les supporters de l'OM et du PSG en football. Les présidents Guazzini et Bouscatel sont entrés dans la danse, alimentant le feuilleton par des pointes habilement aiguisées. Je n'aime guère cette mise en scène à laquelle le rugby sert de prétexte mais je ne nie pas ses effets positifs : elle a suscité le plus grand engouement, jusqu'à remplir le Stade de France pour un match de la saison ordinaire.

Pour ma part, j'évitais soigneusement de me répandre dans la presse avant un événement. Je préférais piquer au dernier moment, comme l'aspic. Sinon, quand on a fait beaucoup de phrases et que le verdict tombe, on se retrouve dans ses petits souliers et on a toutes les chances d'être moqué.

Le Stade Toulousain n'avait pas que le Stade Français comme rival mais il faut reconnaître que les rencontres avec nos autres concurrents ne suscitaient pas la même animosité. Un respect mutuel a toujours présidé aux matchs avec Biarritz et Clermont ; avec Bourgoin et Castres, le défi était l'affaire des joueurs, pas des dirigeants. À titre personnel également, c'est avec Bernard Laporte que je me sentais le plus en opposition. Déjà... Pourtant, après le quart de finale du Stadium, nous avions échangé dans la sérénité et la courtoisie.

Montpellier nous a encore souri en demi-finale : la botte de Michel Marfaing et la domination de notre mêlée en fin de match ont eu raison de Bourgoin. J'ai déjà dit que la finale avait été celle de Lee Stensness : Montferrand s'est heurté à une défense intraitable et Franck Belot a brandi le Bouclier, au grand désespoir de Jean-Marc Lhermet. La saison suivante a été moins glorieuse : nous avons échoué deux fois en demi-finale : en Coupe d'Europe devant le Munster à Bordeaux et en championnat devant qui vous savez. Daniel Santamans a fait les frais de cette déception toute relative. C'était un remarquable éducateur, il excellait auprès des jeunes mais les difficultés qu'il rencontrait auprès des joueurs de très haut niveau étaient allées en s'accentuant.

La saison 2000-2001 a constitué un grand tournant dans mon parcours stadiste. Le président Bouscatel m'a demandé d'abandonner mon poste de professeur au collège de Pibrac pour travailler à temps plein au club en tant que manager, une fonction qui n'existait pas. Sur-le-champ, j'ai pensé que c'était une manière de m'éloigner du terrain, la même que l'on employait un peu partout pour mettre sur une voie de garage l'entraîneur devenu indésirable en le nommant directeur sportif. Au contraire, la décision de René Bouscatel ressortissait au professionnalisme. En m'octroyant suffisamment de temps pour accomplir mes desseins, il m'a permis d'évoluer et d'être plus efficace. Il ne m'a fallu que quelques semaines pour le constater. Si j'ai pris du recul, ce n'était pas pour faire tapisserie mais, au contraire, pour mieux analyser : en effet, se trouver en permanence au cœur de l'action ne permet pas d'observer avec la perspicacité nécessaire.

À partir de là, j'ai été considéré davantage comme un meneur d'hommes que comme un technicien. Certes, je revendique une véritable passion pour le conditionnement psychologique des joueurs, aspect primordial de la fonction d'entraîneur si l'on veut bien admettre que celui-ci, par définition, doit être... entraînant. Ceci dit, je crois que mon approche du jeu n'a pas donné de trop mauvais résultats avec les collégiens de Pibrac, les juniors et les seniors du Stade.

Au côté de Serge Laïrle comme de Daniel Santamans, j'étais non seulement chargé des lignes arrière mais aussi de la tactique collective. Quand je dis mon admiration pour le jeu des All Blacks, pour celui que les Anglais ont mis en place afin de battre ces mêmes All Blacks en demi-finale du Mondial 2019, c'est le technicien qui s'exprime, non ? D'après moi, un bon entraîneur doit être à la fois un bon technicien et un bon manager. Je prends comme exemple la réussite de Christophe Urios, généralement attribuée à sa personnalité, à son charisme. Pour ma part, je pense que son talent pour diriger les hommes et cimenter une équipe ne va pas sans une compétence technique et stratégique, d'ailleurs confirmée à Bordeaux. En revanche, je ne souscris pas aux nouvelles mœurs, naturellement inhérentes au professionnalisme, en vertu desquelles un entraîneur quitte un club pour le prochain avant la fin de la saison. Les présidents semblent s'en accommoder. J'ignore l'opinion de celui de Castres, Pierre-Yves Revol, sur le sujet. Lui, en tout cas, s'est refusé à abandonner son club en fâcheuse posture pour briguer à nouveau la présidence de la Ligue Nationale.

Afin de pouvoir me consacrer entièrement au Stade, j'ai mis fin à mes fonctions au collège de Pibrac. C'était le moment. En même temps que la direction, l'ambiance avait changé et je n'avais plus la même liberté de manœuvre ; les voyages avec les gosses à travers l'Europe n'étaient plus que des souvenirs. Je n'ai pas abandonné sans peine ce métier et les élèves mais ma décision était prise. J'ai effectué, auprès du recteur d'académie, ma demande de mise en disponibilité. Je suis parti fin juin 2000, très simplement, sans pot d'adieu. J'ai quand même pris dans mes bras Mme Pauly et M. Gaston, deux chefs d'établissement merveilleux, ainsi que Mme Hamyache, la principale adjointe.

Il revenait au nouveau manager du Stade Toulousain de composer son staff. Pour entraîner les trois-quarts, j'ai immédiatement pensé à Philippe Rougé-Thomas, encore un ancien partenaire, de ceux que tout joueur rêve d'avoir à ses côtés, que tout entraîneur rêve de compter dans son effectif. Nous étions très liés. Avec lui, on pouvait voyager, comme on dit dans le jargon du milieu. Son tempérament et son courage forçaient partout le respect. Nous l'appelions « le Flic » parce qu'avant de devenir cafetier, il était policier. La première fois que je m'étais battu à l'entraînement, c'était avec lui, aux Ponts-Jumeaux. Il était junior, il arrivait du TOEC où il avait remporté, en 1977, le titre national des cadets. Au cours d'une séance d'opposition, nous nous sommes accrochés et le test a été probant. Lui n'avait besoin de personne pour se motiver. « Le Flic » avait fait ses armes avec les équipes de jeunes mais il y a toujours un risque à lancer un novice dans le grand bain. Je lui ai accordé la même confiance qu'il inspirait naguère à ses partenaires et il l'a aussitôt justifiée ; plus tard, j'ai agi de même à l'égard de William Servat. Je suis allé trouver Philippe dans son établissement en travaux et ce n'est pas ma proposition qui l'a fait blêmir : il était recouvert de plâtre et de poussière ! Nous avons travaillé de concert pendant dix ans.

Persuadé qu'un tel trio serait complémentaire, j'ai souhaité le retour de Christian Gajan, dont j'appréciais les qualités, intellectuelles comme professionnelles. Le staff médical a été renforcé par Christophe Prat, qui suivait si bien les brisées de son père et auquel j'ai confié sans hésiter la rééducation de mon genou ; grâce à la relation qu'il entretenait avec Isitolo Maka, il s'est retrouvé dans le staff médical des Samoa quand nous les avons affrontés au Stadium à l'automne 2016 ! Christophe a donc épaulé Albert Sadacca, en place depuis 1991 à la satisfaction générale, aussi fidèle au poste qu'à la table de belote « coinchée ». Nous avons quitté le Stade l'un et l'autre mais nous n'avons jamais cessé de nous fréquenter et Albert veille, entre autres, sur ma maman. De même, pour la préparation physique, Dominique Hernandez a su s'adjoindre les services de Zeba Traoré, un autre ancien athlète. Zeba avait beau nous raconter qu'il avait participé aux Jeux Olympiques de 1992 à Barcelone, nous nous faisions un malin plaisir de taquiner ce charmant compagnon en lui opposant une vidéo où il chute au départ d'un 100 mètres. D'une compétence rare, Zeba a mis nos joueurs dans une forme... olympique et la façon dont il a accompagné psychologiquement les blessés l'a fait encore monter dans mon estime. En toute logique, il est devenu le leader dans sa partie.

La saison 2000-2001 reste à jamais comme celle de l'avènement triomphal d'une jeune génération incarnée par le fameux trio Michalak-Poitrenaud-Jeanjean. Le Stade

Toulousain a toujours mis un soin particulier à la formation, fondement de tous les clubs jusqu'à l'arrivée massive des étrangers. Je ne me permettrai donc pas d'affirmer que la formation toulousaine a mérité le prix d'excellence mais je peux dire que, là encore, la compétence a fait merveille, à commencer par celle de Michel Marfaing et de Valérie Vischi, la directrice du centre. Un gigantesque travail en profondeur a été effectué, dont je n'ai pas toujours eu conscience.

C'est seulement quand on se trouve à la tête du XV de France qu'on réalise l'importance du préjudice causé à l'équipe nationale, conséquemment à l'ensemble de la pyramide, par l'afflux des étrangers dans nos championnats. Il faut reconnaître que si Michalak, Poitrenaud et Jeanjean étaient nés plus tard, s'ils étaient devenus seniors à l'époque où Kelleher et McAlister ont été recrutés, ils n'auraient pas joué ou très peu. En mars 2001, en tout cas, ce problème ne s'est pas posé, seulement celui de plusieurs blessures qui m'ont incité à titulariser, pour le déplacement à Grenoble, les trois jeunots. De quoi inquiéter Émile Ntamack, le capitaine, qui pouvait douter de l'opportunité d'une telle décision... et de son résultat. J'ai rassuré « Milou » en soulignant les brillants atouts de ses nouveaux équipiers, ainsi que leur étonnante capacité à s'affranchir, avec une insouciance bien de leur âge, de toute forme de pression. La victoire à Grenoble, à laquelle le trio n'a pas été étranger, a installé la formule de nos lignes arrière pour la fin de saison : Jeanjean est devenu titulaire à l'arrière, Poitrenaud au centre au côté de Desbrosse et Michalak à la mêlée où Cazalbou, Fillol et Ilhareguy faisaient défaut. Le championnat, à... 21 équipes, qualifiait quatre clubs de chaque poule et offrait aux deux premiers l'inestimable avantage de jouer le quart de finale à domicile. Ainsi avons-nous pris, avec le soutien de notre formidable public, le meilleur sur Perpignan au Stadium. Une semaine plus tard, pour la demi-finale, nous avons eu la chance extraordinaire de recevoir Castres dans le même Stadium, terrain... neutre désigné en amont, tandis que Biarritz se déplaçait à Lyon pour affronter Clermont ! Habité par le feu sacré, le Stade Toulousain a fourni une prestation à la dimension de l'événement, imposant sa cadence avec un brio étourdissant : effectivement, les Tarnais qui étaient sortis premiers de la phase préliminaire ont été étourdis. J'ai senti, ce jour-là, qu'un élan irrésistible nous portait vers un nouveau titre, d'autant que le Bouclier était promis à Clermont, sur le vu de sa superbe victoire en poule au Stadium, à l'issue d'un grand match où la réussite n'avait pas été de notre côté. La motivation était toute trouvée et nos joueurs ont abordé le dernier obstacle avec une farouche détermination. Toute la semaine, Jeanjean, Poitrenaud et Garbajosa ont été plus ou moins incertains. Xavier a tenu à s'aligner au Stade de France face à son coéquipier tricolore David Bory, sachant pertinemment qu'il aggraverait sa blessure et qu'il devrait renoncer à la tournée du XV de France en Afrique du Sud et en Nouvelle-Zélande, dont le départ avait lieu le lendemain de la finale ; sans parler des conséquences d'un tel forfait sur la suite de sa carrière internationale. Le choix de Garbajosa est la magnifique illustration d'un état d'esprit, d'un amour du maillot et de l'équipe que j'ai inlassablement inculqué à mes joueurs. Toujours battus en finale, les Auvergnats ont dû attendre des jours meilleurs pour vaincre le signe indien. Ils ont fait de leur mieux mais le mieux n'a pas suffi devant un Stade Toulousain en état de grâce, à l'image de Frédéric Michalak, auteur de pénalités monumentales, de Delaigue, auteur de trois drops, de Michel Marfaing, auteur d'un sensationnel essai à montrer dans toutes les écoles de rugby, et de Christian Labit qui a mis Magne sous l'éteignoir. Garbajosa n'a quitté le terrain que sur la fin, devoir accompli. Comme lui, Poitrenaud a déclaré forfait pour la tournée qui a permis à Jeanjean et à Bouilhou de devenir internationaux.

À son tour, Michalak a été appelé dans le XV de France à l'automne et la gloire qui s'est abattue soudainement sur ce gosse de 18 ans, issu d'un milieu modeste, menaçait de l'écraser. Fred était le nouveau Deylaud, doté comme lui d'un talent exceptionnel, capable comme lui d'opérer avec un égal bonheur à la mêlée et à l'ouverture. Bernard Laporte, le sélectionneur, a voulu en faire la star du rugby français afin de valoriser l'image de notre sport. Je crois que ce n'était pas nécessaire. Ce qui l'était encore moins, c'était, par exemple, d'inscrire Michalak à un défilé de haute couture. Je considérais, au contraire, qu'il était trop jeune pour pouvoir assumer sereinement le statut de star et faire face aux sollicitations constantes qu'il suppose. Incontestablement,

Frédéric fait partie des joueurs qui ont laissé une grosse empreinte sur mon chemin. Nous avons entretenu une relation forte qui s'est naturellement distendue quand il a quitté le Stade pour l'Afrique du Sud et laissé entendre que l'herbe était plus verte ailleurs. Ses propos m'ont peiné mais je suis ravi que Fred ait su rebondir, à Lyon ou à Blagnac, et qu'il ait réussi sa reconversion.

Clément Poitrenaud a été, lui aussi, un artiste et je veux dire ma fierté de l'avoir vu embrasser la carrière d'entraîneur au Stade. Clément fait partie de mes « enfants » et je sais quel regard il porte sur moi. Je lui rends hommage pour avoir effectué toute sa carrière en rouge et noir ; sur la fin, il est parti en Afrique du Sud pour apprendre encore. Il avait, comme Xavier Garbajosa, tellement de talent que son entraîneur n'avait qu'à appuyer sur le bouton.

La gloire d'un titre n'appartient pas seulement à ceux qui l'ont gagné sur le terrain, elle rejaillit sur tous ceux qui ont œuvré, à leur niveau, à leur façon, pour que le club atteigne le sommet. La rondache soulevée par Michalak, Poitrenaud et Jeanjean, le 9 juin 2001, a récompensé plus spécialement nos éducateurs. Ce premier Brennus de nos trois gamins a été le dernier pour Christian Califano, qui a opté pour les Auckland Blues et le Super 12. Je l'ai appris au tout dernier moment et j'en ai été choqué : je pensais que la grande aventure vécue ensemble méritait une autre issue. Le Stade Toulousain devait beaucoup à « Cali » mais la réciproque était vraie aussi. Le regretté Robert Labatut l'avait repéré quand il jouait à Bourges et il lui avait promis le plus brillant avenir. Effectivement, quel pilier peut se targuer d'avoir accompli autant d'exploits que Califano, d'avoir couru aussi vite et d'avoir aussi bien manié le ballon ? Reste qu'en le faisant signer, le Stade avait aussi fait signer la famille : la sœur, la maman qui était concierge du stade et qui, à ce titre, vivait dans l'appartement de fonction… Le club s'est occupé des proches de « Cali », a arrondi tous les angles. Joueur d'exception, Christian était aussi un animateur de vestiaire hors pair. Aussi affable que malicieux, il me désarmait par sa faconde. Comme si un enfant terrible ne me suffisait pas, il a entraîné dans son sillage Franck Tournaire et Cédric Soulette, qui ne demandaient pas mieux ! Ce trio de piliers, internationaux dans le même temps, a fait les cent coups et m'a conduit au bord de l'épuisement. Tournaire a quitté l'entraînement plus d'une fois et Soulette, garçon très attachant, était capable de toutes les extravagances. Devenu sélectionneur, je l'ai retrouvé, tel que je l'avais quitté, à Marcoussis où il exposait ses œuvres d'art, ses fameux coqs : bien sûr, il n'a rien trouvé de mieux que de déposer une énorme vache en résine sur le terrain où le XV de France devait s'entraîner. Aussi turbulent que nos trois lurons dans mes jeunes années, je ne pouvais qu'éprouver pour eux de la sympathie, au sens premier du terme. La façon dont s'est achevé, devant le conseil des prud'hommes, le divorce entre Califano et le Stade Toulousain n'en a été que plus regrettable. Quoique chagriné par le départ de Christian, j'avais pu comprendre son envie de changer de milieu, d'hémisphère plutôt, et de découvrir un autre rugby. En revanche, je n'ai toujours pas compris pourquoi, après avoir obtenu l'aval du club pour aller jouer en Nouvelle-Zélande, « Cali » a oublié de revenir alors qu'il était toujours sous contrat au Stade. Nous avons eu le sentiment d'être trahis.

L'incessant mouvement des joueurs est devenu l'ordinaire du rugby professionnel et la fidélité à des couleurs une notion surannée. La séparation est quand même douloureuse après plusieurs saisons où le joueur a tant donné et tant reçu. Califano est allé rejoindre Castaignède chez les Saracens. Autre star du club, Thomas avait signé au Castres Olympique en 1997 et ce départ aussi m'avait peiné. Cependant, les formes avaient été mises et nul ne pouvait reprocher à Thomas de vouloir assurer son avenir. D'ailleurs, nous sommes restés en excellents termes. Sa réussite sociale m'a fait grand plaisir, tout comme son retour au club parmi les dirigeants les plus éminents.

À la faveur de la réussite que nous avons connue, ma première saison de manager m'a permis de prendre la dimension de mon rôle et de trouver mon rythme de croisière. Je suis devenu une sorte de chef d'orchestre, à qui il incombait d'accorder les compétences, notamment celles des préparateurs physiques, des médecins et des kinés. Les premiers temps, j'arrivais au stade avant tout le monde : je me disais que si je devais encourir des reproches, ce ne serait pas pour le manque d'assiduité. J'ai vite compris que seule comptait l'efficacité d'un travail d'équipe et j'ai organisé mes journées différemment. Être le premier au boulot peut servir d'exemple mais une présence constante finit par épuiser tout en provoquant, tôt ou tard, lassitude et crispation au sein du staff. Je préférais prendre le train en marche, vers 9 heures, et partir tard le soir. De même, des sermons réguliers aux joueurs ne tardent pas à banaliser le discours et à récolter l'indifférence. Je préférais réserver mes interventions pour les grands événements, de manière à amplifier leur impact sur les joueurs.

Dans tous les sports, le vestiaire est le seul lieu où se révèle et s'abrite l'intimité d'une équipe. J'ai voulu que le nôtre soit un sanctuaire. Les joueurs y sont assis en silence, à l'écoute des derniers mots, sans doute les plus importants ; ils éprouvent un ultime frisson avant de se libérer à l'entrée sur la pelouse. Même le rugby des copains, à la bonne franquette, observait des rites : on ne s'asseyait pas n'importe où dans le vestiaire du Stade et les autres ; les places étaient réservées, pas seulement celle de Skrela et de Rives. Là aussi, pour avoir sa place, il fallait faire ses preuves. Ce protocole est toujours en usage, à la seule différence que les noms sont inscrits sur les casiers. Ce qui a changé, c'est la fréquentation. Autrefois, les gens de presse envahissaient le vestiaire après le match et « faisaient leur marché », dans le joyeux boucan d'une victoire ou le lourd silence d'une défaite. Toutefois, aucun journaliste ne pénétrait jamais dans un vestiaire avant un match. Enveloppé de mystère, ce lieu était peu ou prou soumis à l'omerta et alimentait la mythologie. Il est devenu accessible aux seules caméras de télévision, celles de la chaîne qui acquitte des droits pour diffuser la compétition. J'étais hostile à l'installation de caméras permettant à des millions de téléspectateurs de vivre quelques instants de l'ultime préparation. Voit-on des caméras dans la loge d'un artiste ? Il a bien fallu que je m'adapte aux nouvelles mœurs mais, manifestement, elles ne dérangent pas que moi : entraîneurs et joueurs mettent souvent la main devant la bouche pour communiquer. Les premiers temps, surtout au Stade de France avant une finale, il m'est arrivé d'arracher les caméras de Canal + ou de les couvrir d'une serviette quand je n'avais pas été prévenu de leur présence. Puis, j'ai parlementé avec Éric Bayle, il m'a garanti que le son était coupé, il m'a démontré que je pouvais lui accorder ma confiance. Si le caméraman entrait, je m'écartais de son champ le temps qu'il prenne quelques images et j'attendais qu'il sorte pour passer à l'action.

Car il m'est arrivé de me mettre à genoux devant les joueurs avant une finale afin de les implorer, non pas de m'offrir la victoire mais de croire en eux et d'accomplir ce dont ils étaient capables. À l'extérieur du groupe, ce genre d'attitude ne peut paraître que ridicule. En outre, elle ne peut produire d'effet que si elle est spontanée. Or, un entraîneur qui se sait regardé par des millions de téléspectateurs prépare son intervention dans les moindres détails. À l'heure H, il n'est plus lui-même. Il fait du cinéma et ses mots sonnent faux, a fortiori les hurlements qu'il pousse pour se donner un genre. Je n'ai préparé mon discours qu'une seule fois et je l'ai regretté. Robert Nouzaret, l'entraîneur du Toulouse Football Club, avait demandé à vivre un avant match avec l'équipe et j'avais accepté, à l'occasion d'un Stade-Clermont : je n'ai pas parlé vrai et ce fut un échec sur toute la ligne puisque nous avons perdu !

Sinon, j'ai toujours laissé parler mon inspiration. Parfois, dans ma chambre, à peine une demi-heure avant de partir au stade, j'ignorais ce que j'allais dire aux joueurs. Cela me venait d'un coup, comme une évidence : je connaissais si bien mon monde... Pour que l'ultime discours ait du sens, il faut, d'après moi, qu'il soit l'aboutissement des petits messages personnels délivrés, parfois au débotté, tout au long de la préparation. L'Ariégeois Nicolas Martin n'oubliera jamais la seule finale de championnat qu'il a disputée et qui lui a valu le titre, en 1997. Il se souvient peut-être aussi de nos entretiens en aparté dans la semaine. Ils m'avaient paru nécessaires car Nicolas allait se mesurer à Stéphane Glas, le talentueux trois-quarts centre international de Bourgoin. Martin est rentré sur le terrain avec une détermination farouche et Stéphane Glas n'a joué que vingt-cinq minutes : son épaule n'a pas résisté à un plaquage sévère, mais régulier.

Une finale, a fortiori si l'on n'en joue qu'une, est le résultat d'années d'efforts. J'ai attendu cinq ans avant d'en disputer une, dix ans avant d'être champion. Combien d'internationaux, parmi les plus huppés, ont dit et répété qu'ils échangeraient une poignée de sélections contre un Bouclier ! Car le titre est le couronnement d'une longue aventure partagée au quotidien avec des équipiers, des entraîneurs, des dirigeants et des amis. Les joueurs participant à une Coupe du monde affirment qu'ils ont vécu un épisode extraordinaire alors qu'ils ont passé quatre mois ensemble : que dire alors d'un itinéraire d'une ou plusieurs saisons en club ? Au Stade Toulousain, tout le personnel, tous les bénévoles étaient requis pour la finale. Elle était planifiée avec une minutie extrême, jusqu'au déplacement des parents des joueurs, de manière à ce que rien ne puisse perturber la concentration des acteurs. Grâce à nos grands intendants Jean Lacroix, Jean-Louis Putinier, Guy Cavaillé et Michel Lamolinairie, qui œuvraient en collaboration étroite avec le directeur administratif Jean-Luc Brumont, tout était réglé comme du papier à musique. Ces personnes avaient toute ma confiance et je ne voulais rien savoir de l'organisation et du programme qu'ils mettaient en place, surtout en cas de victoire. Je ne voulais pas entendre parler des tee-shirts qui célèbreraient éventuellement le titre : personne ne s'est jamais aventuré à m'en présenter un, je l'aurais sûrement déchiré. Jean-Louis Putinier ne m'informait pas de son déplacement à Lourdes pour récupérer de l'eau bénite qu'il déverserait dans l'en-but avant le match. Ce rituel avait été instauré par Hugues Miorin avant sa première finale : son épouse se rendait dans la cité mariale, puis confiait aux intendants la statuette de la Vierge remplie d'eau bénite. Moi, je me préoccupais du sportif, uniquement du sportif. Toutes mes pensées, tous mes actes convergeaient vers un seul objectif: que le Stade Toulousain soit à la hauteur de l'événement.

La motivation d'un groupe pour une finale n'est pas l'affaire d'une semaine mais de plusieurs mois. Elle débute avant même la phase éliminatoire. Il s'agit de mobiliser graduellement les joueurs, sans qu'ils s'en rendent compte, en vue d'un éventuel sommet; d'appréhender chaque match comme une étape dans cette perspective. C'est un mécanisme d'horlogerie et il exige beaucoup de minutie de la part du metteur en œuvre. À l'heure H, le message doit placer les joueurs en situation d'exprimer pleinement leur talent, il doit les inciter à lâcher les chevaux. Afin qu'ils n'aient aucun regret. Il faut les convaincre qu'ils n'ont aucune raison d'être inhibés parce qu'il s'agit d'une finale. La finale est un match comme les autres, sinon qu'elle exige de jouer son meilleur rugby. Pour être crédible, l'orateur doit connaître la valeur des mots et les peser. Je ne me voyais pas dire à des joueurs, comme je l'ai entendu ailleurs, que j'allais mourir avec eux: un Dusautoir ou un Jauzion en aurait rigolé. Les confessions d'un Pelous et d'un Miorin se rejoignent: « Nous savions ce que tu allais nous dire mais tu trouvais toujours d'autres mots pour nous faire grimper aux arbres ! »

Parfois, je me suis surpris moi-même mais en demeurant dans une juste mesure. L'autorité n'a pas besoin d'outrances verbales pour se manifester. Au lycée, mon comportement changeait du tout au tout en fonction de l'enseignant: la prof de musique, par exemple, m'aurait donné des gifles tellement j'étais infernal ; au contraire, je ne bougeais pas d'une oreille devant le prof de mathématiques et le prof de physique, tant ils avaient de la prestance, tant ils dégageaient d'autorité naturellement. On a de l'ascendant ou pas, c'est inné.

Enfin, pour être en droit de demander aux joueurs les plus grands efforts, il importe de ne pas se négliger soi-même. Je sais bien qu'une surcharge pondérale n'empêche pas un entraîneur d'obtenir les meilleurs résultats mais il est évident qu'elle n'est pas du meilleur effet sur les joueurs, qu'elle affaiblit le message. Lors des séances estivales, on se met torse nu par plaisir, pas forcément pour montrer qu'on s'entretient. En revanche, mener le train au jogging (que nous préférons appeler footing) sert à donner l'exemple. Nous avions l'habitude d'aller courir le long du canal du Midi et j'étais toujours en tête. Je tablais sur la réaction d'amour-propre des joueurs qui leur ferait forcer la cadence : en effet, un sportif de haut niveau ne saurait admettre que son entraîneur le précède dans cet exercice, au beau mépris de la différence d'âge. Lorsque les douleurs au genou m'ont empêché de courir avec le groupe, j'ai demandé à Jean-Michel Rancoule de me remplacer en tête du peloton...

11

UNE PRISON POUR ROYAUME

La saison 2001-2002 a commencé par un drame : l'explosion de l'usine AZF, le 21 septembre. Chez moi, à Pibrac, j'ai perçu la déflagration. Tous les Toulousains ont été traumatisés. Immédiatement, j'ai songé à mes parents, qui habitaient dans le centre ville. Pas question de leur rendre visite : à cause des gravats qui jonchaient les chaussées et de l'épouvantable nuage de poussière qui empêchait de respirer et de voir, la circulation était impossible. Comme mes enfants et mes proches, mes parents m'ont rassuré par téléphone mais les volets de leur maison ont été mis en pièces. En tant que médecin, mon épouse a été réquisitionnée par l'hôpital. Je l'ai conduite à Purpan sur le porte-bagages de mon scooter. En arrivant, nous avons vu des civières alignées devant la porte.

Le Stade Toulousain s'apprêtait à se rendre à Paris pour le compte du Top 16. Bien sûr, nous avons aussitôt annulé notre voyage. N'ayant visiblement pas mesuré l'ampleur de la catastrophe d'AZF, le président du Stade Français, Max Guazzini, s'est élevé contre l'annulation de la rencontre. Il a déclaré que nous avions sollicité le report car il constituait pour nous une aubaine, eu égard aux indisponibilités que nous déplorions. Il a ensuite présenté des excuses et une sorte de justice immanente s'est appliquée cinq semaines plus tard, quand nous l'avons emporté à Paris avec une formation pour le moins mixte, placée sous le commandement de Xavier Garbajosa. Avant le match, le journaliste Pierre Salviac était venu me reprocher une composition d'équipe selon lui indécente, ôtant tout intérêt à une affiche par surcroît télévisée. Après le match, je l'ai cherché en vain. J'aurais pu lui expliquer notre stratégie : le Stade Français, qui possédait une défense de fer, avait pris l'habitude de se repaître des ballons que nous perdions ; j'ai donc interdit de donner le bâton, en l'occurrence le ballon, pour se faire battre et, pendant une mi-temps, nous n'avons pas fait une seule passe. Contraints de prendre l'initiative, les Parisiens ont pédalé à côté du vélo. En quittant le terrain, Dominici m'a apostrophé avec amertume : à chaud, dans le jargon du rugby, il m'a dit que nous les avions bernés. Trop heureux de notre victoire, je n'étais pas disposé à répliquer. Je considère que les boxeurs ont le devoir, si âpre qu'ait pu être le combat, de se saluer avant de descendre du ring. Christophe Dominici ayant quitté ce monde dans des circonstances tragiques, j'ai voulu oublier le message qu'il a laissé dans ma boîte vocale, en pleine nuit, quelques années plus tard. Alain Elias, son manager, avait usé naguère du même procédé. Par la suite, l'ancien ailier du XV de France m'a présenté des excuses, par téléphone et devant des caméras de télévision. Elles devaient être sincères puisqu'en mai 2020, Dominici et Elias m'ont envoyé, depuis la Normandie, un message m'invitant à un « dernier défi » avec l'AS Béziers, club dont ils projetaient la reprise.

J'ai déjà raconté, en évoquant le recrutement de Trevor Brennan, comment Agen, dirigé par Christian Lanta et Christophe Deylaud, avait privé le Stade Toulousain, sans contestation aucune, de la finale 2002. Pour tout arranger, nous avons manqué, comme l'année précédente, la qualification pour la phase finale de la Heineken Cup. J'ai pris alors mes premières décisions de manager et rappelé Serge Laïrle. Je suis toujours resté attaché aux gens avec qui j'ai travaillé, même à Christian Gajan dont le départ (à Castres) ne s'est pourtant pas fait sans grincements de dents. La qualité de son travail n'était pas en cause mais je crois que ma présence lui faisait de l'ombre et qu'il avait besoin de voler de ses propres ailes. Progressivement, notre complicité s'était muée en animosité.

Serge ne s'attendait pas du tout à être sollicité et il est revenu au bercail avec plaisir. En quatre ans, pas mal d'eau avait coulé sous les ponts, pas mal d'angles avaient été arrondis. Le changement a produit l'effet escompté : nous avons eu le bonheur de disputer les deux finales et de remporter un nouveau titre européen, à Dublin, au détriment de... Perpignan ! En effet, le dernier acte de la H Cup a été franco-français et il a eu pour cadre le stade mythique de Lansdowne Road, qui serait bientôt rasé. Le terrain n'était pas neutre pour Trevor Brennan, né non loin de là. J'ai souhaité qu'il rentre le premier sur la pelouse et qu'il y reste seul quelques instants. Déjà, en temps normal, il était inutile de le motiver ; là, il était en transes et le public irlandais derrière nous ! Ce fut une finale de grand vent. Celui de la victoire a soufflé pour nous en première période et nous avons mené 19-0 à la pause. Notre seul essai est venu d'un contre en touche de Bouilhou sur lancer catalan : Jauzion a récupéré le ballon qui roulait au sol, a écarté Edmonds d'un magistral « raffut »[6] et a pris les grands boulevards avant d'adresser à Clerc une passe impeccable qui a permis le débordement de notre ailier gauche. En seconde période, Perpignan a fait flèche de tout bois mais notre défense a été intraitable, à l'image d'un Brennan omniprésent. Les joueurs ont laissé éclater leur joie : à l'exception d'Émile Ntamack, ils soulevaient la coupe pour la première fois ! Sept années avaient passé. Après chaque élimination, nous avions attendu avec la même impatience la constitution des poules de l'édition suivante, abordé la compétition avec la même flamme, le même espoir d'aller au bout. La persévérance était récompensée. Avec une autre génération, avec un autre staff, le Stade Toulousain revenait au sommet, il s'inscrivait dans la durée. Nous avons toujours veillé à renouveler l'effectif, au lieu d'user les meilleurs jusqu'à la corde et de tomber ensuite dans un creux.

Un nouveau drame a bien failli côtoyer le triomphe. Dans l'ATR du retour, alors que les joueurs chahutaient dans l'allée centrale, nous avons essuyé une violente tempête et, soudain, nous avons eu l'impression que l'avion tombait.

---

6. Mouvement de la main pour repousser le plaqueur.

Quelques mois plus tard, le pilote m'a avoué que l'avion avait, effectivement, failli « décrocher ». À partir de cette mésaventure, j'ai été saisi par la peur en avion, ignorée jusque-là. Il m'a fallu quelques années pour la surmonter. La moindre secousse me crispait. Et dire qu'en 1977, quand je m'étais envolé pour l'Argentine avec le XV de France, ce souci ne m'avait même pas effleuré ! J'étais jeune et mon esprit était seulement occupé par ma réussite au concours et en tournée.

Après avoir pris notre revanche sur Agen en demi-finale du championnat, nous étions à quatre-vingts minutes d'un sensationnel doublé mais notre meilleur ennemi, le Stade Français, a brisé le rêve. En première mi-temps, nous menions 15-6 mais deux entorses à la discipline, dont Yannick Bru et Patrice Collazo pouvaient aisément se dispenser, ont permis aux Parisiens de renverser la vapeur : la première a coûté trois points et la seconde une « pénaltouche » d'où est né l'essai de Galthié. Cette action, grâce à laquelle le Stade Français a pris l'avantage (16-15) juste avant la pause, m'est restée en travers de la gorge. L'arbitrage vidéo n'existait pas, sinon l'essai eût été refusé car l'obstruction de plusieurs équipiers au bénéfice du porteur de balle, façon rugby américain, est flagrante.

J'en profite pour dire ici le bien que je pense de l'utilisation de la vidéo. Elle ne peut pas toujours établir la vérité absolue mais l'équité sportive y a énormément gagné, la sérénité des acteurs et des entraîneurs aussi. Il n'en demeure pas moins que chaque procédé a ses imperfections, ses travers. Il arrive que la vidéo soit négligée dans des cas où elle s'imposerait alors que, parfois, son utilisation est excessive, inutile. En fait, tout dépend de la sagacité, de l'intelligence de l'arbitre ; certains ont systématiquement besoin de se rassurer.

Sur l'arbitre de la finale 2003, je n'ai rien à redire. Mon éducation m'impose le respect envers ceux qui exercent cette fonction si délicate, de plus en plus complexe. Il m'est rarement arrivé d'évoquer publiquement l'arbitrage, la plus commode des échappatoires après un échec. En revanche, j'ai souvent sollicité des explications en privé, voire par correspondance. Une seule fois, à Bordeaux, je me suis heurté à une fin de non-recevoir. J'ai frappé à la porte du vestiaire de l'arbitre, l'ordinateur portable sous le bras car je souhaitais opposer à certaines décisions des images probantes, notamment une séquence démontrant l'innocence de notre joueur qui avait écopé d'un carton jaune lourd de conséquences puisqu'il nous avait coûté un essai. La porte étant restée fermée, je me suis rendu à la conférence de presse avec l'ordinateur et j'ai lancé aux journalistes : « Avant de m'interroger, regardez les images que je vais vous montrer. Je répondrai ensuite à vos questions. » Le lendemain, l'arbitre m'a téléphoné pour présenter ses excuses. Le verdict de la saison 2003-2004 avait de quoi satisfaire tout le monde… ou presque : un Stade était champion d'Europe, l'autre champion de France et Fabien Galthié, qui avait joué contre nous son dernier match, pouvait sortir par la grande porte. Quant à moi, j'avais enregistré ma première défaite en neuf finales. On a beau savoir qu'une série est faite pour s'interrompre, le coup d'arrêt est toujours douloureux.

Disputer consécutivement deux finales de Coupe d'Europe n'est pas une mince performance. Un club français était assuré de participer à celle de 2004 puisque nous rencontrions nos amis biarrots en demi-finale, à Bordeaux. Ce fut le jour d'Isitolo Maka. Rentré en cours de match, le colosse tonguien a renversé Serge Betsen et la défense basque : son essai a fait la décision. La finale fut le jour de Clément Poitrenaud, hélas. De ce match de haut niveau, il n'est resté que la boulette de notre arrière. Elle a occulté le mérite du Stade qui a tenu la dragée haute à une grosse équipe des Wasps, commandée par le troisième ligne champion du monde Dallaglio ; elle a occulté la formidable prestation de Yannick Jauzion, dans le sillage duquel les Toulousains ont relevé le défi. Il restait deux minutes à jouer quand le demi de mêlée gallois Rob Howley a délivré le coup de pied fatal : tout en flirtant avec la touche, le ballon a semblé ne jamais vouloir franchir la ligne de but, ce qu'attendait Poitrenaud, nettement en avance sur Howley, pour aplatir. Le « drame », entre guillemets car il n'a rien de commun avec celui d'AZF, s'est joué en une fraction de seconde : à l'instant où Clément amorçait son geste pour toucher en but, Howley, plus prompt, a saisi le ballon et pointé. Poitrenaud en est resté abasourdi et il n'a pas été le seul. Comme il se doit, le fait du match a été abondamment commenté. Avec leur sobriété coutumière, les chroniqueurs britanniques l'ont présenté comme « *the most incredible try* » (l'essai le plus incroyable) ; dans la presse française, certains censeurs ont osé l'expression « faute professionnelle », ce qui m'a révolté. Je tiens, tout d'abord, à apporter une nuance au verdict : certes, l'essai d'Howley a offert le titre aux Wasps mais il n'a pas transformé notre victoire en défaite, puisque le score était alors de 20-20 ; il nous a privés de prolongations qui auraient, peut-être, désigné le même champion. Je tiens à affirmer, surtout, que Clément n'a pas fait n'importe quoi : avant comme après ce maudit incident, il a suffisamment démontré sa clairvoyance, sa maîtrise et sa dextérité. En cette circonstance, il a voulu éviter une remise en jeu périlleuse tout près de notre ligne, a fortiori avec lancer adverse s'il poussait lui-même le ballon en touche ; il a donc pris le parti d'accompagner ce ballon qui n'en finissait pas de rebondir mollement. Il n'a pas commis une folie mais une erreur d'appréciation quant à la course d'Howley. Une erreur lourde de conséquences mais qui n'a, selon moi, que peu de poids en face des prouesses réalisées par Poitrenaud tout au long de sa carrière, de tout ce qu'a apporté au club ce charmant garçon. Mortifié par sa gaffe, il a été réconforté par tout le vestiaire. L'idée de lui adresser des reproches ne m'a même pas effleuré. Je me suis souvenu qu'à Mont-de-Marsan, j'avais traversé l'en-but et franchi la ligne de ballon mort sans aplatir ! Heureusement que j'avais inscrit, un peu plus tard, l'essai de la victoire. À cette occasion, on m'avait raconté que le Montois Christian Darrouy, lors d'un France-Italie à Pau, avait déposé le ballon... à l'intérieur du terrain en voulant aplatir entre les poteaux après avoir débordé. Dominici lui-même, également contre l'Italie... Qui n'a pas commis sa bêtise ? Pour moi, Poitrenaud restait notre meilleur arrière, notre petit génie, mais il faut du temps pour évacuer un tel traumatisme. Afin d'aider Clément, de lui montrer que ma confiance était intacte, je l'ai maintenu dans l'équipe pour le déplacement du mercredi suivant à Biarritz, en play-off : il a fait un grand match, il a été l'artisan de notre succès à Aguilera.

Le mois suivant, à Montpellier, Perpignan a empêché la réédition de la finale entre les deux Stades. Elle a eu lieu quand même, mais en Coupe d'Europe ! En 2005, le Stade Toulousain est devenu la première équipe à disputer trois finales européennes de rang, la première équipe à remporter trois fois le trophée. Décrocher une troisième étoile en battant le Stade Français, entraîné par Fabien Galthié, était un bonheur incommensurable, qui plus est après une finale pathétique où aucune défense n'avait cédé, où nous avions arraché les prolongations à l'ultime seconde, grâce à une pénalité de Michalak. Mais je n'ai pu partager la joie des vainqueurs car j'étais... en prison ! Michel Lamolinairie, l'un des dirigeants les plus proches de l'équipe, était dans les tribunes de Murrayfield et il a voulu nous rejoindre sur le terrain après le coup de sifflet final. J'ai vu les stadiers l'en empêcher et je suis allé à sa rescousse. Je suis rentré dans le tas, les policiers m'ont pris pour un hooligan et m'ont embarqué : ils étaient quatre à me tenir, puis dix-sept à intervenir pour me mettre en cellule ! Mon fils Vincent, qui avait voulu me prêter main-forte, a subi le même sort, sous les yeux du ministre Philippe Douste-Blazy. Quand les policiers ont appris que j'étais le coach du Stade Toulousain, ils se sont excusés. La frustration était de taille, je me suis promis de revenir en finale…

Toujours en quête du doublé, nous avons été stoppés en demi-finale du championnat, à Bordeaux, par… le Stade Français évidemment ! Comme à Édimbourg, deux faux frères étaient en face : David Skrela et Jérôme Fillol, deux joueurs que j'avais vus naître sportivement. Entré en jeu à dix minutes de la fin, Jérôme a causé notre perte en déséquilibrant, d'une « cuillère », Florian Fritz en route vers l'essai qui pouvait être celui de la victoire. Cependant, les Parisiens ont perdu leur deuxième finale, Biarritz s'adjugeant le Bouclier grâce à un drop historique de Mazas dans les prolongations.

Nous avons donc déposé un trophée de plus dans la vitrine du Stade Toulousain. Cette collection m'a valu des distinctions inespérées. C'est ainsi qu'en janvier 2006, la Légion d'honneur m'a été décernée. J'ai eu moins de scrupules à la recevoir quand j'ai appris que Napoléon Bonaparte, son créateur, l'avait destinée aux civils comme aux militaires. Et mes parents étaient au moins aussi fiers que moi. En suivant, je me suis rendu à Londres, au dîner du Rugby Union Writers' Club qui rassemblait cinq cents personnes au « Royal Café », Regent Street. Les journalistes britanniques spécialisés m'avaient distingué « pour services exceptionnels rendus au rugby ». La soirée avait lieu au lendemain d'une victoire sur les Wasps et, surtout, au début d'une semaine cruciale puisque nous devions aller chercher à Llanelli notre qualification directe pour les quarts de finale de la H Cup. Dans un tel contexte, je refusais toujours d'abandonner mon poste mais là, j'ai consenti à une exception, en essayant d'oublier ma sainte trouille de l'avion. Je ne suis pas allé à Londres pour ramener le Tankard, le gros verre de bière qui faisait office de trophée : je ne suis guère porté sur la chopine. Je suis allé à Londres par respect, toujours. Respect envers ceux qui m'avaient désigné, à la suite de Jean-Pierre Rives et Philippe Sella, les deux seuls Français honorés avant moi ; respect envers mon entourage stadiste, envers tous ceux qui m'avaient rendu, au fil des années, des services tout aussi exceptionnels ; respect, enfin, envers Gareth Thomas, le plus Toulousain des Gallois, vedette de la soirée au titre de meilleur joueur. Il y avait cependant un hic : mon incapacité à manier la langue de William, Shakespeare, pas Servat. Heureusement, j'ai pu compter sur Thomas Castaignède pour traduire mes propos. Soit dit en passant, j'avoue que ma connaissance rudimentaire de l'anglais a constitué un handicap au moment où notre rugby faisait la part belle aux étrangers. J'étais bien embêté pour faire passer un message aux joueurs qui ne comprenaient pas l'exacte signification de mes propos et qui risquaient de mal les interpréter. Il m'a fallu utiliser les bilingues de l'équipe car les gestes, les attitudes, ne suffisent pas. L'échec d'Heyneke Meyer au Stade Français, à la fin de la décennie, ne m'a pas surpris :

au bout de deux ans, l'ancien sélectionneur des Springboks ne s'exprimait toujours pas dans notre langue...

Heureusement que les récompenses m'avaient été décernées en début d'année car la suite n'a pas été très brillante. En quart de finale de la Coupe d'Europe, le Leinster a mis fin à notre série de dix-neuf victoires à domicile. Les Irlandais ont évolué un ton au-dessus, un ton donné par le capitaine O'Driscoll. Le public du Stadium attendait du Michalak, il a eu du Contepomi. Deux essais en fin de partie ont rendu notre défaite moins lourde, mais pas moins amère. Troisième du Top 14, le Stade Toulousain a rencontré le second en demi-finale, le Stade Français évidemment ! Le score de ce match cadenassé n'a été fait qu'à coups de pied, quatre contre trois, et c'est un drop de Dubois qui nous a offert le billet pour une nouvelle finale. Hélas, au Stade de France, les Biarrots ont torpillé notre navire et remporté le titre sur un score humiliant. Nous avons été battus par une grande équipe, par de grands joueurs tels que Thierry Dusautoir et Census Johnston, futurs Toulousains. Mais le Stade, manifestement, était au bout du rouleau, à l'image de Michalak qui a failli dans un secteur qui était loin d'être son point faible : la défense. Fred était physiquement diminué par l'enchaînement de matchs de haut niveau sur cinq années, mentalement perturbé par les divers effets du vedettariat.

Dans la foulée, Dusautoir a rejoint nos rangs. Avec la discrétion qui le caractérise, il s'est aussitôt imposé à ses équipiers et à ses entraîneurs. J'ai rarement vu réunies autant de qualités : la loyauté, l'humilité, l'esprit de sacrifice permanent, la capacité à se remettre toujours en question, l'exemplarité sur le terrain comme en dehors, le tout gouverné par une intelligence qui en a fait l'incontestable leader du Stade Toulousain et du XV de France. Il ne parlait pas beaucoup, pas fort et il n'en était que plus écouté. Thierry incarnait pour moi le joueur de très haut niveau. Je l'ai pris en affection et, quand son papa est décédé, je n'ai pas hésité à me rendre à Bordeaux pour assister aux obsèques et lui témoigner ma sympathie.

Malgré un recrutement de qualité, la saison n'a pas été non plus à la hauteur de nos ambitions, sur la scène européenne notamment. Après avoir pris une rouste en Ulster, nous avons perdu à domicile devant Llanelli : nous n'avons pu être qualifiés comme meilleurs seconds. En championnat, c'est Clermont qui a empêché un nouveau choc des deux Stades en finale. Nous avons pourtant maîtrisé la demi-finale de Marseille... jusqu'à ce que Rougerie signe un essai monumental au bout d'une chevauchée fantastique de 60 mètres ! Malgré la transformation de James, Clermont avait encore un point de retard (15-14) mais la messe était dite : l'exploit de Rougerie avait fait changer d'âme le combat et nous nous sommes inclinés 20-15.

Deux années de suite sans titre, c'était nouveau pour moi. Je n'ai pas besoin de préciser que j'ai mal vécu ce relatif échec, cet accident réitéré. Nous n'avions pas su nous remettre en question suffisamment tôt, nous n'avions pas su régénérer le groupe. Je n'ai pas cherché à fuir mes responsabilités mais je n'ai pas modifié pour autant ma façon d'aborder une saison et ses échéances. Je ne me suis pas senti sous pression plus que d'habitude. Pour me mettre la pression, je n'ai jamais eu besoin d'un résultat décevant. Quel que soit le verdict d'un match, ma concentration sur le suivant était identique ; quel que soit le verdict d'une saison, il en allait de même. Je me suis seulement demandé si je maîtrisais toujours mon sujet, si je conservais la confiance des joueurs. Aucun entraîneur ou manager n'ignore que la défaite fragilise. Pourtant, à aucun moment, je n'ai craint de perdre mon vestiaire, ce qui avait été le cas en 1994, à mes débuts. Cette année-là, une réunion s'était tenue non loin du stade et Albert Cigagna, très influent capitaine de l'équipe, m'avait mis en cause devant le groupe. Alors que nous étions deux entraîneurs, j'étais le seul visé et la critique du capitaine m'avait déstabilisé, au point que je sentais la situation m'échapper. Un jeune joueur s'était levé pour réclamer la parole. Didier Lacroix, c'est de lui qu'il s'agit, avait si bien pris le contre-pied de l'argumentation de Cigagna qu'il avait convaincu les joueurs de me garder leur confiance. Je ne saurais dire si Didier avait fait montre de courage ou d'inconscience en cette circonstance ; d'honnêteté, c'est sûr, car il n'avait servi que des vérités. Je ne m'attendais pas du tout à son intervention, que je ne risque pas d'oublier. Et Didier n'a pas tardé à confirmer son tempérament au plus haut niveau. Inutile de préciser que l'incident avait jeté un froid sur la relation entre le capitaine et l'entraîneur. L'hiver a été long mais le dégel a fini par se produire. Il ne pouvait en être autrement entre deux anciens équipiers à jamais connectés par de grands et nombreux souvenirs communs, à commencer par le doublé 1985-1986. En septembre 2020, à l'occasion de la dernière réunion tenue par Florian Grill au stade Wallon avant les élections à la FFR, Albert Cigagna est venu me saluer. Nous n'avons prononcé que quelques mots, les mêmes, comme quoi nous étions contents de nous revoir. Aucun différend n'effacera jamais la marque laissée dans l'histoire du Stade Toulousain par Cigagna, un numéro huit qui connaissait son poste sur le bout des doigts.

Toujours en 2007, j'ai été sollicité par la fédération italienne qui m'a proposé le poste de sélectionneur. C'était la première fois que j'étais contacté, les clubs estimant sans doute, et non sans raison, que ma destinée était indissociable de celle du Stade Toulousain. Je n'avais pas d'agent et n'en ai jamais eu. Je ne me suis jamais mis sur le marché, comme m'avait incité à le faire un ancien coéquipier. Je souriais en l'entendant raconter qu'il faisait à la presse de fausses confidences pour que soient publiés des contacts qui n'avaient jamais existé, histoire de susciter l'intérêt des clubs ou... de relancer l'intérêt du sien. Il n'était pas le seul à agir de la sorte. Dans les années 90, la valse des entraîneurs n'était pas encore entrée dans les mœurs. Les présidents engageaient les techniciens qui étaient disponibles, ils ne cherchaient pas à débaucher ceux qui étaient en fonction. Un départ pour d'autres cieux ne se concevait qu'avec un gros avantage matériel ou professionnel à la clé. Au mieux, un transfert pouvait doubler le salaire alors que des contrats à 50 000 € mensuels ou plus changent une vie.

Être jugé capable d'officier au niveau international ne pouvait que me flatter mais je n'ai pas hésité longtemps. J'étais trop impliqué dans mon club et trop attaché à la stabilité familiale.

12

UN MENU QUATRE ÉTOILES

L'orage n'a donc pas grondé aux Sept-Deniers en 2007. Le mot crise n'a été prononcé qu'à l'extérieur du club, par les aigris ou les envieux. Cependant, le staff a subi un changement d'importance : Yannick Bru a succédé à Serge Laïrle qui a souhaité prendre du recul. Le choix aurait pu se porter sur Didier Lacroix, qui entraînait l'équipe espoirs, mais il partageait son temps en diverses activités : sa société de communication faisait également office de régie publicitaire du Stade Toulousain et elle projetait l'organisation d'une féria à Fenouillet. Didier et Yannick, très liés depuis qu'ils avaient partagé la même chambre d'étudiant, présentaient en commun une volonté, un mental qui leur avait permis de s'imposer comme titulaires en dépit d'un gabarit modeste. J'ai préféré Yannick parce qu'il pouvait être disponible à 100 % pour l'entraînement. Je pensais que Didier serait plus utile au club comme dirigeant que comme entraîneur : il est possible qu'il m'en ait voulu mais il a peut-être, avec le temps, mieux compris mon choix.

En faisant part de mes intentions à Yannick dans le courant de la saison, alors qu'il était en contact avec le Racing Club de France, j'ai précipité sa fin de carrière. Par la suite, son comportement m'a indiqué qu'il me savait gré de cette décision. Il m'a toujours témoigné du respect et, quand il a volé de ses propres ailes, il a parfois sollicité mon avis. Xavier Garbajosa en a fait de même, également Ugo Mola, qui a pourtant souffert d'une sévère concurrence quand j'étais son coach. Ces garçons n'étaient surtout pas obligés d'agir de la sorte mais ils l'ont fait.

Je croyais en Yannick. L'opiniâtreté de ses efforts en tant que joueur lui valait, à mes yeux, un préjugé favorable. Sa personnalité s'était affirmée qui en avait fait un capitaine indiscuté. En première ligne, il avait ratissé entre ce qui se faisait de mieux, les Califano, Tournaire, Soulette, des garçons pas vraiment dociles. C'est pourtant lui qui les drivait, comme la plupart des talonneurs certes, mais plus encore que les autres. En outre, Yannick était constamment dans la réflexion, ce qui le destinait à la fonction d'entraîneur. Son intelligence ferait le reste.

Le nouveau staff a vécu une belle saison, nous avons encore frôlé le doublé. Après avoir dominé Cardiff en quart de finale au Stadium et battu les London Irish à Twickenham, nous avons eu la quatrième étoile européenne à portée de main. Le Munster de Paul O'Connell était un gros morceau mais le Stade Toulousain n'a pas manqué d'estomac. Jusqu'à la 50e minute, jusqu'à ce que Pelous « pète un plomb » : chambré par le troisième ligne Quinlan qui lui avait marché sur le pied avant une entrée en mêlée, Fabien lui a décoché un coup de pied aux fesses insignifiant, mais suffisant pour que Nigel Owens sorte le carton jaune. Je n'ai toujours pas compris comment un joueur de cette dimension, par surcroît capitaine, a pu commettre une telle bêtise. Fabien sait ce que j'en pense et, d'ailleurs, il n'a jamais cherché d'excuse. Avais-je eu raison de trouver bizarre, avant la finale de Cardiff, que les trois matchs de phase finale du Munster aient été arbitrés par le même *referee* ? Même si elle a coûté trois points, la faute de Pelous n'a pas directement causé notre perte. Le Stade est même revenu à égalité (13-13) quatre minutes plus tard, à la faveur d'un exploit de Cédric Heymans qui a joué, dans ses 30 mètres, une touche pour lui-même, a donné un coup de pied par-dessus qu'il a repris avant de botter à nouveau, à suivre cette fois ; à la course, Jauzion a été le plus rapide pour pousser, à son tour, le ballon au pied dans l'en-but où s'est couché Donguy. N'empêche que nous avons payé, en fin de partie, les efforts produits pour compenser l'infériorité numérique. Quand O'Gara a passé la pénalité qui a donné l'avantage au Munster, il restait dix minutes à jouer mais nous n'avions plus suffisamment de ressources pour inverser le résultat.

Nous avons relevé la tête en championnat. Pour revenir au Stade de France, il a fallu écarter… le Stade Français, pour changer ! Nous avions perdu Clerc et Poitrenaud en chemin mais nous avions Kelleher, Jauzion et Médard. Nous avions aussi un pack qui a obtenu la récompense du travail fourni sous la férule de Yannick Bru. Clermont, qui avait survolé le Top 14, a encore perdu la finale, pour la quatrième fois contre nous. J'avais tout mis en œuvre pour que nos joueurs ne se fient pas à ce signe indien, pour qu'ils redoutent au contraire d'être les premières victimes des « jaunards ». Toulouse attendait depuis sept ans le retour du Brennus. Nous avons bien fait de nous offrir une belle fête car nous avons été privés de finale en 2009. Qualifié dernier pour les quarts de la Coupe d'Europe, le Stade a dû se déplacer chez le n°1, les Blues de Cardiff, et le Millennium ne nous a pas davantage réussi que l'année précédente. Trois coups de pied contre deux ont entériné notre élimination. Nous n'avons pas fait meilleure figure en championnat. Puisque nous rencontrions Clermont en demi-finale, tous les espoirs étaient permis aux Auvergnats qui ont effectivement fait chuter le champion. Ils nous ont empêchés d'offrir à Fabien Pelous la sortie qu'il méritait mais les « jaunards » n'ont pas vaincu le signe indien de la finale : le bourreau, cette fois, a été Perpignan. Une attente de sept ans avait agacé des Toulousains : les Catalans, eux, attendaient depuis... 54 ans !

Avec la même détermination, nous avons remis l'ouvrage sur le métier. Nous avons continué d'avoir foi en notre étoile et une quatrième a brillé très fort en 2010. Une fois délivré le verdict de la saison, il eût été commode d'expliquer qu'au moment d'affronter Perpignan en demi-finale de Top 14, l'esprit de nos joueurs était déjà tourné vers la finale de Coupe d'Europe, programmée une semaine plus tard. Tout en déclarant impossible cette double mission, nous avons essayé de mettre un maximum de chances de notre côté en faisant tourner l'effectif. Car aucun club, et surtout pas le Stade Toulousain, n'a jamais songé à sacrifier une demi-finale de championnat à un objectif présumé supérieur. La victoire de l'USAP ne saurait être ainsi dévaluée : au demeurant, notre défense n'a jamais cédé et c'est la botte de Porical, auteur de sept pénalités, qui a emporté la décision. Le buteur catalan fut moins heureux en finale et le peuple auvergnat a pu, enfin, célébrer follement le titre, le premier : Rougerie le méritait tellement !

En Heineken Cup, nous avons su exploiter l'avantage de disputer quart et demi-finale au Stadium : le Stade Français a encaissé plus de 40 points et le Leinster a baissé pavillon en seconde mi-temps. Auteur de 21 points sur 26 contre les Irlandais, David Skrela a été aussi l'homme de la finale, encore une finale franco-française qui avait, cette fois, le Stade de France pour théâtre ! J'aurais préféré, comme tout un chacun, que l'adversaire s'exprimât en anglais, d'autant que nous entretenions avec Biarritz des relations cordiales. Mais il n'y avait pas à s'appesantir sur le sujet : au moment de disputer une finale, l'identité de l'adversaire importe moins que le choix des armes pour le vaincre. À la façon des Catalans à Montpellier, nous avons obtenu le titre à coups de pied, ceux de David Skrela mais aussi ceux de Florian Fritz. Au bonheur habituel s'ajoutait, pour moi, l'émotion de voir David brandir avec nous sa première Coupe : cinq ans plus tôt, à Édimbourg, le Stade Toulousain l'en avait empêché. J'avais une affection particulière pour ce garçon que j'avais vu, enfant, dans les bras de son père aux Sept-Deniers. Ensuite, il avait été mon élève à Pibrac et avait remporté deux titres avec ma chère équipe du collège. Il avait débuté sa longue carrière à Colomiers, puis avait opté pour le Stade Français et c'était, pour moi, un crève-cœur à chaque fois qu'il s'alignait contre nous. J'avais insisté pour faire revenir David à Toulouse en 2008 mais il a été accablé par les blessures, malheureusement inévitables tant il se sacrifiait en défense : il a toujours plaqué comme un troisième ligne, suivez mon regard. Malgré une opération du genou en 2009, il est resté confiant en son... étoile et il est revenu à son meilleur niveau. Les qualités de David, grand plaqueur mais aussi grand buteur et grand technicien, étaient valorisées par son intelligence. Pour un entraîneur, il était une bénédiction. Travailler avec lui était très facile car il pigeait plus vite que d'autres : il effectuait donc plus vite l'exercice proposé et, surtout, il comprenait pourquoi il le faisait. Même en équipe de France, j'ai vu des joueurs accomplir tel ou tel travail à force de le répéter, mais en ignorant pourquoi. David et moi, nous nous connaissions par cœur, nous pouvions tout nous dire.

Avec une quatrième étoile européenne mais les pieds toujours sur terre, j'ai procédé à une réorganisation du staff. Philippe Rougé-Thomas travaillait avec moi depuis dix ans, Yannick Bru depuis trois mais les résultats qu'il avait obtenus l'avaient fait logiquement changer de statut. Le plus difficile n'avait pas été d'associer les deux hommes mais de faire durer leur association. En effet, ils n'avaient pas la même vision de leur fonction ni la même façon de l'exercer. J'étais trop souvent dans un rôle de médiateur et j'ai dû prendre une décision pour éviter que la situation ne se dégrade. J'ai compris que Yannick avait besoin d'un partenaire travaillant au même rythme que lui. Philippe l'a compris aussi, il était mon ami et il savait que je ne le laisserais jamais tomber : le Stade Toulousain a créé pour lui le poste de directeur technique du centre de formation.

Jean-Baptiste Elissalde a donc été promu, sur la recommandation de Yannick Bru qui appartenait à la même génération et avec qui il était très lié. « Jean-Ba » avait été un merveilleux joueur dont l'intelligence avait avantageusement compensé le manque de gabarit. Sans oublier un mental inversement proportionnel à sa taille, grâce auquel il avait supporté sans faiblir la concurrence de Byron Kelleher et... tenu sa place en finale du championnat 2008. Blessé aux côtes en demi-finale contre le Stade Français, il avait dû quitter le terrain et son forfait pour la finale était acquis. Sauf qu'il était pour nous, au poste d'ouvreur, une pièce maîtresse. Toute la semaine, j'ai fait en sorte qu'il puisse se transcender, qu'il tienne sa place au mépris de la douleur. Dans de tels moments, je suis capable d'aller loin, pas trop loin quand même car j'ai toujours respecté le joueur. Jean-Baptiste a souffert au Stade de France mais il a touché la plus belle des récompenses. C'est seulement après avoir pris sa part dans l'essai du break, superbe mouvement conclu par Médard, qu'Elissalde a quitté le terrain, le grand Jauzion passant à l'ouverture tandis que Fritz rentrait au centre.

À peine nommé, « Jean-Ba » a fait valoir ses compétences et ses convictions. Fonctionner avec lui n'a pas toujours été simple : il était bien le fils de son père. Le joueur connaissait le rugby sur le bout des doigts mais l'entraîneur avait à apprendre. Il importe, en effet, de savoir ce qui peut se dire et de choisir le bon moment pour le dire : « Jean-Ba », lui, avait du mal à se taire... Sa première saison de coach, rappelant celle de son compère Yannick, a été une belle réussite. Détenteurs du titre européen, nous n'avons été battus qu'en demi-finale par le futur champion, chez lui. Nous avions terminé premiers de notre poule devant les Wasps mais, en perdant chez eux le dernier jour, à l'ultime minute, nous avions aussi perdu le droit de disputer le quart de finale au Stadium. C'est ainsi que nous sommes allés défier les Biarrots à San Sebastian, des Biarrots qui ont bien failli nous terrasser après avoir été menés 17-0 à la mi-temps ! Il s'en est fallu de la transformation, manquée par Yachvili, de l'essai égalisateur, à trois minutes de la fin. Dans les prolongations, c'est un contre de Nyanga sur le même Yachvili qui a fait la différence. Pour revenir au Millennium de Cardiff en finale, nous étions condamnés à un exploit plus retentissant encore, trois semaines plus tard, à Dublin. Ça faisait beaucoup. Le Stade Toulousain n'a pas souffert de la comparaison avec le Leinster mais six pénalités de Sexton ont pesé très lourd dans la balance.

C'est au Stade de France que nous sommes revenus, pour la finale du Top 14 cette fois. Nous avions terminé premiers de la phase préliminaire mais je me souviens surtout du match contre Castres au Stadium, au mois de janvier. Je me trouvais, comme toujours, au bord du terrain, quand on est venu m'annoncer la naissance imminente de ma première petite fille, Éloïse. Ma fille réclamait la présence de son mari et j'ai aussitôt fait sortir Vincent Clerc.

En cette saison 2010-2011, la Ligue avait décidé d'organiser les deux demi-finales au même endroit, en l'occurrence au stade Vélodrome de Marseille. Nous avons retrouvé sur notre chemin des Clermontois qui avaient écarté Biarritz en barrage. Auteur de nos deux essais, Caucaunibuca a fait très mal aux Auvergnats qui ont subi une nette défaite. Le lendemain, l'autre demie s'est jouée à la pièce, laquelle est tombée du côté des Montpelliérains de Fabien Galthié : ils l'ont emporté d'un point grâce à une pénalité de Bustos Moyano alors que Wisniewski manquait le drop de la victoire dans les arrêts de jeu. Avant la finale, j'ai été interrogé à propos de Fabien Galthié. J'ai répondu qu'il était assurément un bon technicien mais que je n'avais pas de leçons à recevoir de lui car, avec un titre en cinq ans, il n'était pas encore une référence. J'estimais, d'ailleurs, qu'il avait trop tendance à intellectualiser le rugby. Son équipe nous a quand même posé de gros problèmes et elle a mené 10-3, après avoir inauguré la marque à la faveur d'un exploit de Nagusa. Au bras de fer, elle a fini par céder et cinq pénalités nous ont offert le Bouclier, Bézy prenant le relais de Skrela malheureux. Tandis que David quittait le Stade (pour Clermont) sur un titre, le Montpelliérain Louis Picamoles pouvait se féliciter d'avoir signé chez nous.

J'ai été, au coup de sifflet libérateur, plus démonstratif qu'à l'ordinaire. Avec une émotion visible, je suis allé saluer nos supporters. J'ai toujours eu pour eux du respect et de l'affection : ils me l'ont bien rendu. J'ai senti confusément, ce soir-là, que la fin de l'aventure approchait. Je commençais à regarder mon parcours dans le rétroviseur. Des observateurs ont interprété mon comportement comme un adieu. Mon départ, effectivement, était dans l'air : la FFR m'avait proposé le poste de sélectionneur du XV de France.

13
SUR LA PLANÈTE FFR

En quinze ans, je n'avais jamais figuré parmi les nominés. Si mon nom avait été souvent avancé dans les gazettes, en 1999 surtout, le pouvoir fédéral n'avait pas ouvert mon dossier. Les Toulousains n'étaient pas en odeur de sainteté et mon caractère – il suffit d'en avoir un peu pour qu'il soit jugé mauvais – avait accentué un antagonisme entre le Stade et la Fédération qui ne datait pas de l'arrivée à la présidence de René Bouscatel. Par la suite, on m'a, effectivement, beaucoup vu et entendu râler dès que les premiers « doublons »[7] ont été imposés. S'y ajoutaient des repos obligatoires pour les internationaux. Pour l'employeur principal, le préjudice était considérable, a fortiori pour le Stade Toulousain qui comptait plus de sélectionnés que tous ses concurrents. Comme le recours massif aux étrangers, conséquence des brimades infligées aux clubs, n'était pas encore en usage, nous étions en sérieuse difficulté. Volontiers invoqué par tous ceux à qui nos résultats faisaient de l'ombre, l'argument selon lequel le Stade Toulousain n'était guère affecté par les « doublons » avait le don de m'irriter. Il est vrai que nous continuions à tenir le haut du pavé, mais au prix de quels efforts ! Quand je suis devenu sélectionneur, l'apparente incompatibilité de ma position avec les propos tenus par l'ancien manager

7. Journée de championnat en concomitance avec un match du XV de France.

du Stade a été soulignée. À la vérité, je n'ai jamais dénigré l'équipe de France, dont je suis très fier d'avoir porté le maillot ; j'ai été le supporter de tous les Stadistes sélectionnés, même si leurs absences, longues et répétées, nous empêchaient de lutter avec toutes nos armes. C'est contre un calendrier aberrant, néfaste aux clubs, que je me suis élevé.

Il ne faut pas oublier que j'ai collaboré avec Bernard Laporte dès 2000, la première année où il a entraîné le XV de France. Lui est venu travailler au Stade Toulousain et moi j'ai animé, avec Jacques Brunel, un stage rassemblant aux Sept-Deniers tous les joueurs sélectionnables du sud de la France ; également quelques séances d'entraînement, en prenant bien soin de ne pas mélanger les genres. Le Berjallien Michel Couturas était aussi concerné. Maso, le manager tricolore, et Laporte ont donné l'impression de souhaiter que les clubs, à travers certains entraîneurs, et l'équipe nationale fassent cause commune. J'ai vite compris que c'était un leurre, une opération de communication. Vingt ans plus tard, le même artifice a été utilisé : la participation de tous les coachs du Top 14 aux entraînements du XV de France. Quand j'ai appris que le Toulousain Ugo Mola, le Clermontois Franck Azéma et le Lyonnais Pierre Mignoni étaient invités à Marcoussis, au Centre National du Rugby, afin de participer aux entraînements et de discuter d'un projet commun, il m'a semblé revoir le film ! La majorité des sélectionnés étant fournis par ces trois clubs, il était trop tentant d'appâter leur coach, de manière à désamorcer toute éventuelle contestation. Participer aux entraînements ? Comme spectateurs sans doute, mais sûrement pas comme intervenants ! Les prérogatives des uns et des autres sont incompatibles, sous peine de transformer l'encadrement tricolore en armée mexicaine et d'installer une drôle de cacophonie ! La situation d'un entraîneur ou manager de club impliqué, d'une façon ou d'une autre, dans la sélection de joueurs appartenant à des clubs qu'il va affronter relève indiscutablement du conflit d'intérêts. N'empêche qu'il y a des gens pour croire à l'union sacrée, comme il y a des gens pour y faire croire.

Ce qui, au début du siècle, n'était pas un leurre, c'était l'intention fédérale de créer des provinces, projet pour lequel Jacques Fouroux avait obstinément milité vingt ans plus tôt. J'ai eu le sentiment que les entraîneurs sollicités par Laporte étaient destinés à animer ces provinces ; j'ai eu le sentiment d'être manipulé à des fins politiques. Moi qui n'avais connu qu'un seul club, qui avais servi sa cause pendant un quart de siècle, je n'allais pas le renier et conspirer à sa disparition. C'est, en effet, ce qui lui pendait au nez dès lors que les joueurs de tous les clubs de la région défendraient les couleurs d'une sélection provinciale dans une compétition ad hoc. J'ai donc annoncé, en 2001, que je me retirais de ce circuit trop sinueux et nul n'a cherché à me faire changer d'avis.

Quant à ma décision de rester au Stade Toulousain, elle avait été prise avant la finale contre Montpellier. Mes proches étaient au courant. Il avait suffi que mon père se déclarât défavorable à mon départ, comme il a suffi, après la Coupe du monde 2019, que ma mère me recommande de décliner la proposition de l'Italie. Mon père avait suivi ma carrière de A à Z, il venait chez moi chaque jour et il devait sentir qu'il allait nous quitter bientôt. Et puis, ma fille Julie n'avait pas terminé ses études, elle avait besoin de moi. Un peu plus tard, c'est moi qui aurai besoin d'elle, de sa sœur Valérie et de mon fils Vincent...

Ce n'était pas l'heure de rejoindre l'équipe de France, les planètes n'étaient pas alignées. J'ai confié un jour à Jean Dunyach, vice-président de la FFR en charge du haut niveau, qu'il ne m'avait pas très bien présenté le projet. Il s'exprimait au nom du président Pierre Camou et je ne connaissais pas suffisamment Jean pour le suivre aveuglément. Ma réticence ne tenait pas à une question financière mais au fait que j'avais été contacté au dernier moment, que je n'avais pas le temps de réfléchir à la composition de mon staff. Je ne pouvais me douter que, malgré mon désistement tricolore, le staff toulousain, lui, serait affecté.

Dans l'immédiat, rien ne pouvait voiler la satisfaction procurée par ce nouveau titre acquis à la force du poignet, pas même le commentaire blessant de Vincent Moscato sur RMC. J'ai entendu en direct sa sentence : « Même le chauffeur du bus pourrait entraîner le Stade Toulousain. » Elle m'a désagréablement surpris de la part de celui que j'avais découvert durant le tournage du film *Le fils à Jo* et avec qui j'avais passé d'agréables moments. Cette expérience avait été d'autant plus plaisante qu'elle m'avait permis de rencontrer Gérard Lanvin, un acteur que j'avais toujours apprécié. Dans la période où j'ai dirigé l'équipe de France, Gérard m'a envoyé des dizaines de messages de soutien. Après mon éviction également et l'un d'eux a particulièrement retenu mon attention. Il était écrit : « L'ami de tout le monde n'est l'ami de personne. » J'avoue que j'avais tendance à négliger les textos que je recevais avant et après les matchs. Dans les moments douloureux que j'ai traversés ensuite, j'ai volontiers consulté mon téléphone : sans doute en avais-je besoin. Pour en revenir à Moscato, je n'ai pas admis que mon travail et celui de mon staff soient ainsi dédaignés. Je sais bien que son métier d'amuseur amène Vincent à prononcer des mots qui dépassent sa pensée mais, justement, ses commentaires en matière rugbystique ne sont pas reçus comme des galéjades par les auditeurs ; au contraire, ils sont reçus comme des avis autorisés émanant d'un ancien champion de France et international. Et comme les auditeurs n'imaginent pas la somme de travail que représente un titre de champion de France, l'impact des commentaires de Moscato est encore plus fort. Pour que je ne les considère pas comme malveillants, il aurait fallu, quand les Parisiens obtenaient des titres, que Moscato affirmât également que le chauffeur du bus pouvait entraîner le Stade Français. J'ai fini par croiser « Pompon » un jour, sur les Champs-Élysées, et suis allé droit au fait : il s'est dit navré de ma réaction et je crois qu'il l'a comprise.

Au cœur de l'été 2011, j'ai appris que Yannick Bru intégrait le staff tricolore comme entraîneur des avants. Je le savais capable d'assumer cette responsabilité et il n'ignorait pas que, si j'avais accepté le poste de sélectionneur, il aurait exercé la même fonction qu'au Stade Toulousain. Après m'être désisté, je ne m'attendais pas à cette décision de sa part et j'ai surtout regretté de ne pas en avoir été le premier informé. J'avais accordé, depuis cinq ans, une telle confiance à Yannick que j'en ai pris un coup quand Jean Dunyach m'a avisé par téléphone alors que je me trouvais au challenge Vaquerin, tournoi amical préparatoire au championnat. Peut-être que Yannick n'avait pas su comment me présenter la chose... J'ai voulu en avoir le cœur net et suis allé le trouver. Il n'était pas bien dans ses baskets. Il avait, lui aussi, le sentiment d'avoir été trahi parce qu'il n'avait pu maîtriser la communication. Cet épisode a jeté un froid dans notre relation mais, plus tard, j'ai compris que Yannick avait seulement saisi une belle opportunité. Pour nous, en tout cas, ce fut une saison très particulière car Bru, sous contrat jusqu'en juin avec le Stade, avait un pied dans chaque boutique. Pendant le Tournoi des VI Nations, c'est-à-dire en période de « doublons », il était à Marcoussis. Pour souligner son absence, nous avons envoyé un jour Julien Barès, l'analyste vidéo, tenir la place de Yannick dans le trombinoscope proposé par Canal + avant les rencontres... Une saison particulière mais à marquer encore d'une pierre blanche puisque nous avons conservé le Bouclier. En Coupe d'Europe, le treizième quart de finale nous a porté malheur. Premiers de la poule, mais avec deux défaites, nous avons dû nous déplacer à Édimbourg, un adversaire qui semblait à notre portée mais qui a pris le meilleur en seconde période. Luke McAlister était absent à Murrayfield qui serait le grand bonhomme du Top 14. En inscrivant six pénalités en demi-finale contre Castres et en récidivant en finale contre le Toulon de Bernard Laporte, l'ouvreur néo-zélandais s'est taillé la part du lion dans la conquête du dix-neuvième Brennus toulousain. La sortie de William Servat, ou présumée telle, s'est effectuée par la grande porte, notre première ligne ayant nettement dicté sa loi en mêlée. Précisément, William avait reçu une grosse proposition de Toulon pour finir sa carrière sur la rade...

De mon côté, retrouver pour un nouveau succès le peuple rouge et noir au Stade de France a suffi à mon bonheur. Je n'ai pas cru bon de me rendre au Capitole pour brandir une fois encore le Bouclier : je l'avais fait assez souvent, tout en considérant que ce genre de fête appartenait aux joueurs. En 2012, j'ai préféré rentrer chez moi, sans me douter que je ne soulèverais jamais plus le bout de bois...

Pris de court par l'offensive toulonnaise sur Servat en cours de saison, je n'avais pas hésité à faire basculer William sur une carrière d'entraîneur. Les événements ont démontré que ce n'était pas une erreur. Un talonneur succédait à un talonneur mais William a eu du mal à faire son deuil du n°2, à telle enseigne qu'il a encore rendu d'éminents services en reprenant le collier, le joug plutôt, en cours de saison 2012-2013. Quand on a été l'un des plus grands talonneurs de la planète, pour ne pas dire mieux, devenir néophyte de l'autre côté de la barrière a de quoi perturber. Subitement, William Servat a eu tout à prouver et il a réussi. J'ai eu quand même un pincement au cœur en le voyant se mettre au service d'une équipe gouvernée par le tandem Laporte-Simon, qui m'a fait tant de mal.

Les circonstances ont voulu que William soit le seul entraîneur avec qui je n'ai pas obtenu de trophée. Il a officié au moment où le Stade Toulousain s'est retrouvé dans le creux de la vague, souffrant d'une concurrence de plus en plus féroce mais aussi du départ de Claude Hélias qui a détraqué notre belle machine, au point d'empêcher la nécessaire régénération. Claude n'a pas été assez loué pour la remarquable organisation financière qu'il avait mise en place dans l'ombre ; il servait, en outre, de lien entre les différentes cellules de la structure. Hélas, un conflit de personnes a fini par soulever une tempête interne : Claude n'a pas accepté le sort qui lui était fait et il a jeté l'éponge. Le club en a pâti, moi aussi. Je ne crains pas de dire que René Bouscatel et Claude Hélias constituaient les deux bras de mon fauteuil de manager. Quand l'un a cassé, mon siège est devenu bancal. À Toulouse comme ailleurs, la prospérité financière et la prospérité sportive sont indissociables, l'une entraînant l'autre systématiquement. De la même manière, la baisse des recettes se conjugue avec la baisse des résultats et vice-versa.

Les partenaires qui, dans les périodes fastes, se bousculent pour associer leur image à celle du club enclenchent la marche arrière quand l'équipe dégringole au classement. Même le Stade Toulousain, devenu si fort après avoir été si fragile, peut se retrouver rapidement en zone rouge. Je suis toujours parti du principe que l'on a ce que l'on mérite. J'ai toujours donné le meilleur de moi-même et la fortune a choisi de me récompenser ou pas. Estimant probablement qu'elle m'avait accordé suffisamment de faveurs, elle m'a un peu laissé tomber en fin de carrière...

En 2012-2013, la qualification européenne s'est jouée sur le dernier match de poule : chez les Tigres de Leicester, nous avons perdu de peu. En Top 14, nous avons fait... barrage au Racing Metro au Stadium mais Toulon a pris sa revanche en demi-finale, à Nantes. Le coup a été encore plus rude la saison suivante. La même affiche de barrage, toujours à Toulouse, a tourné à l'avantage des Parisiens : Sexton, auteur de sept pénalités, a été notre bourreau. Pour la première fois depuis que je dirigeais l'équipe, le Stade Toulousain n'a pas accédé au dernier carré. Dans la Heineken Cup, nous avons terminé premiers de poule devant les Saracens (qui sont parvenus en finale) mais pas avec suffisamment de points et nous avons dû disputer le quart de finale à l'extérieur. Devant le Munster, nous avons craqué en fin de match et subi une lourde défaite.

En abordant la saison 2014-2015, ma dernière en rouge et noir, je ne pensais pas que j'étais parvenu en bout de piste mais il était évident que je n'évoluais plus dans un contexte aussi favorable depuis le départ de Claude Hélias. Je sentais que le club avait besoin d'un souffle nouveau. De nombreuses personnes voyaient en moi un président et souhaitaient que j'endosse cet habit. Si sensible que je fusse à leur sollicitude, je n'étais pas habité par cette ambition. Je n'ai donc pas eu à me demander si j'étais apte à entreprendre un tel voyage en pays inconnu. Je n'étais, surtout, pas disposé à ranger subitement dans un tiroir une expérience et des compétences qui pouvaient, du moins le pensais-je, être encore utiles ; pas disposé à inscrire le mot « fin » sur le livre d'une aventure que tant d'équipiers et de collègues avaient rendue merveilleuse.

Si je maîtrisais une fonction, c'était bien celle d'entraîneur ou de manager. Alors, quand Jean Dunyach est revenu me voir après que la FFR a lancé, en avril 2015, un appel à candidature pour le poste de sélectionneur, je l'ai écouté. Quatre années avaient passé et je réalisais que l'équipe de France constituerait certainement l'ultime séquence de ma vie professionnelle. Ils avaient été nombreux, depuis tant d'années, à me répéter que je méritais cet honneur. Pouvais-je encore les décevoir, pouvais-je laisser à jamais sans réponse la question que je m'étais forcément posée plus d'une fois : « Qu'aurait fait Novès avec le XV de France ? » J'ai pensé qu'il était peut-être temps de savoir, de mettre fin à une double pression, celle qu'exerçaient amicalement mes proches et celle que je m'infligeais à l'occasion. De son côté, Yannick Bru, qui figurait dans le projet de plusieurs postulants, a fait le forcing. J'ai beaucoup apprécié qu'il ait toujours envie de travailler avec moi, alors que notre fonction respective avait, davantage que la géographie, instauré une distance certaine entre nous. Il était, en effet, au service de Philippe Saint-André et moi du Stade Toulousain : quel que soit l'interlocuteur, je ne relâchais pas ma vigilance à propos de l'utilisation de nos joueurs. Au Stade d'abord, puis au niveau supérieur, Yannick avait su évoluer : il avait pris une autre dimension, il ne cédait plus à ses impulsions comme il avait pu le faire en tant que joueur. Sa réussite à Bayonne s'est inscrite dans cette continuité. Je lui gardais toute ma confiance et il m'a affirmé que je pouvais accorder la même au Catalan Jean Dunyach, un chef de délégation aussi influent auprès de Pierre Camou qu'il l'avait été auprès de Bernard Lapasset, et à Antoine Marin, président du comité Armagnac-Bigorre et coordinateur opérationnel au sein du XV de France. En quatre ans, Yannick Bru avait appris à connaître la maison, les tenants et aboutissants des affaires.

Cependant, la règle du jeu était fondamentalement différente par rapport à 2011 : le sélectionneur n'était plus directement nommé par le président mais désigné par une commission ad hoc après examen des dossiers déposés par les candidats. Devoir me soumettre, à 61 ans, à une procédure qui me replongeait dans la vie estudiantine ne m'enchantait guère mais je comprenais le sens politique de cette innovation, un poste aussi important que celui de sélectionneur ne devant plus relever du seul choix du roi.

J'ai donc préparé un projet dans lequel Yannick Bru occupait une place éminente et suis allé le défendre devant une commission de sept personnes réunie dans un hôtel parisien. Je me suis présenté sans appréhension : jeune entraîneur au Stade, je profitais des déplacements pour travailler sur mon dossier et j'étais sorti major de ma promotion. Fabien Galthié et Raphaël Ibanez figuraient parmi les huit candidats auditionnés, ainsi que l'Anglais Clive Woodward, l'entraîneur de l'équipe championne du monde en 2003. J'ai lu ultérieurement une déclaration pas très noble de ce monsieur, pourtant fait « *sir* » par la Reine. Il affirmait qu'il avait présenté le meilleur dossier mais que le match était joué d'avance et il prêtait à Pierre Camou des propos allant dans ce sens. J'ai trouvé qu'il était trop facile de faire parler une personne alors décédée et j'ai regretté que sir Woodward n'ait pu assister au combat que j'avais livré lors de ma présentation. Un autre passage a retenu mon attention... ultérieure, celui où il racontait qu'il avait travaillé pendant huit ans au sacre de l'Angleterre et qu'il avait enregistré pas mal de défaites les deux premières saisons...

C'est Jean Dunyach qui m'a annoncé, par téléphone, que mon dossier avait été retenu. Bien que j'aie été comblé au Stade Toulousain, bien que je n'aie pas brigué cet honneur à tout prix, comme autrefois celui de porter le maillot frappé du coq, cette suprême reconnaissance m'a rempli de fierté. J'étais résolu à renvoyer l'ascenseur à tous ceux qui m'avaient fait confiance. J'étais sous contrat avec le Stade Toulousain et le président Bouscatel était en droit de me retenir. Il ne l'a pas fait. Il m'avait toujours laissé une liberté totale et un affrontement à cet instant eût été indigne de tout ce que nous avions vécu ensemble. J'ignore ce que René a pensé exactement de mon départ mais, avec des mots choisis, il a consenti à ce que je serve une cause qu'il avait combattue : ce n'était pas évident. Le dimanche 31 mai 2015, au lendemain d'un match de barrage remporté d'un cheveu par le Stade contre Oyonnax au stade Wallon, la FFR a officialisé ma nomination. Six jours plus tard, la demi-finale de Top 14 contre Clermont à Bordeaux a été mon 1079e et dernier match au Stade Toulousain. À dix minutes du terme, les « jaunards » sont passés devant grâce à une pénalité de Brock James qui venait d'entrer en jeu ; avec un drop du même peu après, la messe était dite que jamais plus je n'entendrais à Saint-Denis. En quittant la tribune, mon épouse a été victime d'un malaise. Je l'ai aussitôt ramenée en voiture à Toulouse où elle a été opérée. Je n'ai donc pu saluer les joueurs après mon dernier match.

14
DANS LE SAS

Au moment où j'ai quitté le Stade, la municipalité a souhaité me rendre hommage. Jean-Luc Moudenc, le maire de Toulouse, m'a remis la médaille de la ville et a proposé de donner mon nom à la place et à l'espace culturel Job, tout près des Sept-Deniers. Je ne pouvais qu'être touché par cette démarche, en songeant notamment à la fierté qu'elle aurait procurée à mon père. En cette circonstance, j'ai réalisé que je représentais quelque chose mais je me suis demandé en même temps si ce n'était pas là trop d'honneur. J'étais d'un siècle où les rues et les bâtiments recevaient le nom d'un héros de guerre ou d'un personnage illustre. Toujours est-il qu'une opposition s'est manifestée, certaines personnes considérant la dédicace à un sportif comme un reniement de l'histoire du site. J'ai reçu une lettre de la présidente du Collectif Job ; j'ai répondu que, n'ayant rien demandé à personne, je ne voulais pas être impliqué dans une controverse politique qui ne pouvait que me porter tort. J'ai téléphoné à Laurence Arribagé, adjointe au maire, pour lui expliquer la même chose et nous en sommes restés là.

Le Stade Toulousain, lui, se devait d'avancer, de trouver un remplaçant à un manager dont on avait pu croire qu'il faisait partie des meubles. Avec le président Bouscatel, nous avons davantage parlé de l'avenir du club que du mien.

Il n'était pas question que je laisse le Stade orphelin, d'autant qu'il vivait une période difficile. J'ai participé à la recherche de la personne idoine et j'ai proposé Ugo Mola à René Bouscatel. Avant tout parce que je le pensais capable de prendre le relais, également parce qu'il était en quelque sorte né au Stade. Une concurrence plus que sévère l'avait empêché de s'y faire une grande place au soleil et il était parti, tout jeune, à l'US Dax ; nous l'avions d'ailleurs retrouvé sur notre route dès l'automne suivant, à l'occasion du quart de finale de Coupe d'Europe que nous avions remporté dans les Landes. J'avais vu Ugo à l'œuvre pendant des années. Ses capacités intellectuelles lui avaient permis de mettre à profit les expériences plus ou moins douloureuses vécues à Castres, à Brive et à Albi. Il avait pris de la carrure, à telle enseigne que j'avais songé à lui au moment de composer le staff tricolore. Ugo m'a dit un jour : « Je pensais que cette succession nous rapprocherait ; en réalité, elle nous a éloignés. » Il ne pouvait en être autrement : c'était au tour de Mola de défendre à fond les intérêts du Stade Toulousain, rarement compatibles avec ceux du XV de France. J'ai tenu à le féliciter en 2019, quand le Brennus est revenu à Toulouse. Mon message n'a pas dû le surprendre qui disait : « Bravo pour hier, en pensant toujours à demain. »

Je ne le cache pas : la façon dont le Stade Toulousain m'a dit au revoir m'a chagriné. Dans l'exercice de mes fonctions, j'avais toujours considéré qu'il n'était pas bon de s'éterniser sur une histoire, si belle qu'elle ait été. Telle était, d'ailleurs, la signification de mon message à Ugo Mola. C'est toujours du lendemain que je me suis soucié. Mais refuser de vivre dans le passé ne signifie pas qu'on doive l'occulter, bien au contraire ; c'est même sur le passé et sur ses enseignements que se construit une réussite. Au bout de tant d'années et de tant de succès, je croyais, sans vanité aucune, être un rouage important du club. Or, du jour au lendemain, j'ai été mis de côté par certaines personnes et j'ai réalisé alors que les rapports entretenus jusque-là avec elles étaient factices. Je l'ai mal vécu. Avec le temps, j'ai compris qu'elles avaient d'autres préoccupations et que j'avais simplement disparu de leur paysage.

Je n'ai pas sacrifié à la tradition du pot d'adieu. La garde rapprochée et les joueurs savaient déjà tout. Au moment du départ, j'ai été prié de rendre mes affaires, jusqu'à la cravate : telles sont les mœurs du rugby professionnel mais j'ai quand même été blessé et ce n'était pas fini. Pour me rendre hommage, le Stade Toulousain a programmé une fête début novembre, à l'occasion de la venue de Grenoble... un jour de « doublon ». Les internationaux étaient donc absents et les tribunes étaient loin d'être pleines. J'ai eu le sentiment de servir à la promotion du match mais il n'était pas question que je me dérobe. J'ai eu droit aux remerciements d'usage et à un portrait sous verre que j'ai montré au public qui applaudissait. Or, tandis que je quittais le terrain, j'ai été prié de rendre le cadre : ce n'était pas le bon cadeau, celui qui m'était destiné n'était pas arrivé. Quelques mois plus tard, quand le bon cadeau est arrivé, le directeur administratif, Jean-Luc Brumont, m'a téléphoné pour que j'aille le récupérer. Le bon cadeau est resté au club. Quand j'étais manager, le Stade Toulousain offrait aux joueurs qui quittaient le club, à l'occasion d'une soirée organisée à cet effet, un fauteuil personnalisé de la collection Laurent Pardo, l'international bayonnais. Manifestement, club et fauteuil avaient basculé dans une autre configuration. C'était peut-être un mal pour un bien, peut-être le meilleur moyen pour que je coupe le cordon et que je m'implique à fond dans l'aventure tricolore. C'est ce que j'ai fait, sans la moindre rancœur envers le Stade Toulousain, mon club de toujours, le club de ma vie.

Avec l'équipe de France, je partais de loin. Malgré son inexpérience, Marc Lièvremont avait fourni un travail de qualité, récompensé par une finale de Coupe du monde où Thierry Dusautoir et les siens s'étaient montrés au moins les égaux des All Blacks. La suite n'avait malheureusement pas confirmé cette performance, bien que Philippe Saint-André, Yannick Bru et Patrice Lagisquet n'aient pas ménagé leur peine. La Coupe du monde 2015 s'était achevée de nouveau contre les All Blacks, mais en quart de finale cette fois et sur une lourde défaite.

Je voyais le XV de France comme un Lego, qui se construit pièce à pièce. C'est pourquoi j'ai souhaité anticiper sur mon entrée en fonction. La FFR a accepté de m'ouvrir ses portes quatre mois avant la date contractuelle (1er novembre) de mon engagement, quitte à susciter une polémique mettant en exergue le préjudice moral que ma présence dans les parages pouvait causer à Saint-André et à son staff. Même si je n'avais pas été tenu par la Fédération au devoir de réserve, il ne me serait jamais venu à l'idée de m'immiscer dans les affaires tricolores, à plus forte raison d'émettre le moindre avis sur celui dont j'allais prendre la relève. La Coupe du monde n'était pas mon affaire, je n'étais qu'un simple supporter. J'ai employé ces quatre mois à construire mon staff, à tracer les grandes et petites lignes du jeu qui serait mis en place, à analyser les performances des joueurs susceptibles de le pratiquer. Pour moi, ce sas entre deux aventures était un passage nécessaire.

Il était acquis que Yannick Bru conserverait ses prérogatives. Il m'a fait savoir qu'il aimerait travailler avec son ancien coéquipier Jeff Dubois, qui avait le même âge et qui venait d'être sacré champion de France avec le Stade Français. Jean-Frédéric avait été un demi d'ouverture d'une grande régularité. Son classicisme n'attirait pas les fabricants de mythes mais il était très apprécié par ses compères de l'attaque. Je lui avais toujours fait confiance, jusqu'à son dernier match au Stade : je l'avais ainsi titularisé pour la demi-finale 2007 contre Clermont à Marseille, quitte à laisser Frédéric Michalak sur le banc.

Avant d'officialiser la composition de mon staff, j'ai rencontré tous ses membres. Je les ai reçus chez moi, ce qui représentait à mes yeux un signe fort. Dans la maison que j'ai construite de mes mains, n'entrent que ceux qui sont intimement associés à mon existence, avec lesquels s'est établie une totale confiance. J'ai reçu les préparateurs physiques et les analystes vidéo, que je ne connaissais pas. Parmi eux, Nicolas Buffa, qui m'avait été recommandé par Julien Barès, l'analyste vidéo du Stade ; Julien avait été mon premier choix mais le club n'avait pas voulu le libérer. J'ai découvert en Nicolas un garçon merveilleux, tant sur le plan humain que professionnel. J'ai même reçu Lionel Rossigneux, l'officier de presse. Il m'a avoué que je l'avais effrayé... Il m'avait été présenté comme l'homme idoine ; par la suite, j'en ai douté. Plus tard, nous avons complété le staff avec Jean-Marc Béderède, qui avait été l'équipier de Yannick Bru au FC Auch en juniors. Il travaillait à la DTN à Marcoussis et nous lui avons confié notamment le travail des *skills*[8]. Le garçon était compétent, intelligent, à l'écoute, mais il m'a déçu, et pas seulement moi, quand il s'est mis au service de nos successeurs ; d'autant qu'il a succédé à son propre ami Gérald Bastide comme responsable de la défense.

Ce secteur-là, j'avais souhaité le confier à Christophe Deylaud, géant du rugby et formidable défenseur, mais il avait décliné la proposition pour des raisons personnelles. J'ai regretté de ne pouvoir ainsi renouer un lien qui n'aurait jamais dû être rompu. Nul ne contestera, surtout pas moi, que Deylaud est l'un des plus grands noms de l'histoire du Stade

8. Gestes de technique individuelle.

Toulousain, un nom qui a brillé avec un éclat incomparable lors des quatre titres successifs des années 90. Quand il est arrivé de Toulon, il a été le remplaçant d'un certain Rob Andrew. En passant des heures avec lui en tête-à-tête, en lui renvoyant les ballons quand il s'entraînait à buter, en ne négligeant rien pour qu'il gagne en confiance, je crois avoir contribué à le hisser au plus haut niveau. J'ai favorisé l'ascendant qu'il avait sur ses partenaires et il est devenu un capitaine indiscuté : joueur et buteur d'exception, il a apporté davantage encore à l'équipe en tant que leader. Notre relation était très forte : quand il a effectué son retour en équipe de France, en 1994, il m'a offert son maillot, à l'insu des joueurs. Christophe avait un très fort caractère et, quand deux forts caractères s'affrontent, cela fait des étincelles. Notre brouille peut s'expliquer par une ambiguïté. Sur la fin de sa carrière, Christophe m'a conseillé le Toulonnais Yann Delaigue pour lui succéder. C'est ainsi que les deux garçons se sont trouvés en concurrence à l'ouverture et il est arrivé que le public, supportant mal les inévitables tâtonnements de Delaigue dans sa période d'adaptation, scande le nom de Deylaud. La marmite s'est mise à bouillir et le couvercle a fini par sauter lors du quart de finale de 1999 contre le Stade Français, au Stadium. Il restait quelques minutes à jouer et la victoire était largement acquise quand j'ai demandé à Christophe, qui était remplaçant, de rentrer : il a refusé. Je n'avais jamais connu une telle situation. Nous nous sommes accrochés au bord de la touche et aucun des deux n'a reculé. Un tel incident n'aurait jamais dû se produire. Nous avions vécu tant de grands moments ensemble, j'avais eu pour Christophe tant d'affection. Voulait-il reculer l'inéluctable échéance ? Lui avait-on fait miroiter mon poste? Devenu entraîneur, Deylaud a forcément constaté que la fin de carrière d'un joueur, à plus forte raison d'une idole, est difficile à gérer. En toute bonne foi, le joueur croit être aussi performant alors que l'entraîneur perçoit l'amorce du déclin.

Toujours est-il que Christophe est parti à Agen et que je suis passé pour un despote, très peu éclairé évidemment. Avant comme après Deylaud, d'autres joueurs ont mal supporté de devoir s'effacer et j'ai porté le chapeau. Avec le recul, ils ont dû comprendre que je n'étais pas là pour leur couper la tête mais pour renouveler un effectif, dans le souci permanent de maintenir l'équipe dans l'excellence. Ce n'était pas l'affaire d'une personne. La preuve en est que j'ai quitté le Stade Toulousain et que Christophe Deylaud n'y est pas revenu pour autant. Il est tout à fait normal que les joueurs veuillent faire durer le plaisir au maximum et que certains d'entre eux ambitionnent d'entraîner. Cependant, il y a des formes à respecter : les égards qu'on revendique d'un côté, il faut les manifester de l'autre ; on ne fait pas son chemin à la hussarde.

Certains différends m'ont fait grandir, par exemple celui que j'ai eu avec Matthieu Lièvremont. À un certain moment, j'ai estimé qu'il souffrait de la comparaison avec les autres troisième ligne et il n'a plus été aligné. Il a mis un terme à cette situation en m'annonçant sa décision catégorique de ne plus participer aux entraînements. Lui aussi est parti à Agen et il a disputé la finale 2002 après avoir battu le Stade Toulousain en demi-finale. Quelques saisons après, il a rejoint ses frères à Dax et c'est là que je l'ai croisé, dans le couloir du stade Maurice-Boyau, avant un match. Nous ne nous parlions plus, nous en étions arrivés à nous détester. Parvenu à ma hauteur, Matthieu m'a tendu la main. Je m'y attendais si peu que j'ai été sidéré. Je me suis arrêté et j'ai aussi tendu la main, en exprimant ma surprise. La phrase qu'a prononcée Matthieu, je m'en souviens comme si c'était hier : « Tu sais, Guy, toute histoire a une fin. » Cette phrase m'a marqué, durablement. C'est vrai : même les mauvaises histoires ont une fin, du moins avec des gens intelligents comme Lièvremont. Avec Deylaud aussi, nous avons fini par nous serrer de nouveau la main ; pas dans une circonstance particulière mais tout naturellement, quand le temps a fait son œuvre. Je n'ai jamais écarté personne, j'ai seulement travaillé avec des gens de ma génération, tels Laïrle, Rancoule, Rougé-Thomas, des gens avec qui j'avais des atomes crochus. Que je sache, Didier Lacroix et Ugo Mola n'ont pas agi autrement. J'ai lu un jour, dans *Libération*, une interview de Karl Janik, qui avait été mon coéquipier et un fameux guerrier dans les années 80. Il expliquait que je m'étais employé à ce que le Stade réussisse « sous mon autorité ». Il n'a pas été le seul à penser de la sorte. Pourtant, je ne faisais que mon boulot. Il faut bien que quelqu'un décide et j'ai toujours assumé mes décisions. Sans doute parce que je suis resté longtemps en place alors que mon entourage subissait des modifications, on a pu croire que je cherchais d'abord à défendre ma position et à la conforter. Moi, je crois que si le club avait jugé qu'untel pouvait être plus efficace que moi, il m'aurait remplacé. Karl Janik fait partie de ceux qui ont marqué leur passage au Stade Toulousain avant de choisir d'autres destinations. Je lui ai téléphoné et nous avons eu une explication, toujours préférable à un jugement formulé de l'extérieur. Je ne pense pas avoir jamais empêché quiconque de s'exprimer : j'écoutais les avis, même contraires, avant de prendre la décision que j'estimais pertinente. La confiance n'excluant pas le contrôle, j'entendais contrôler tout ce qui était de mon ressort, par crainte d'un oubli, d'un écart. Pour autant, mon « autorité » n'a pas empêché des joueurs de se reconvertir avec succès et de s'épanouir, au Stade Toulousain ou ailleurs. J'ai parlé longuement de Yannick Bru. Xavier Garbajosa, pour ne citer que lui, est devenu un technicien reconnu.

Au staff tricolore que j'allais piloter, j'ai expliqué ma façon de manager : une présence permanente mais pas oppressante. Je ne composais pas une équipe pour avoir le plaisir d'exercer confortablement mon « autorité » mais pour optimiser les compétences par la complémentarité, à partir de la confiance que j'accordais à chacun. À tous les hommes que j'ai choisis pendant des années, je l'ai donnée sans réserve mais je n'ai jamais admis qu'elle soit trahie.

Si j'ai dû me passer des services de Christophe Deylaud, j'ai quand même bénéficié de ceux de Jean-Michel Rancoule.

J'ai déjà souligné la part prépondérante que son recrutement avisé avait prise dans la réussite du Stade Toulousain. Ce n'était pas un entraîneur, pas un meneur d'hommes, mais un visionnaire. Avoir le don de déceler, chez un jeune ou chez un joueur de division inférieure, le potentiel d'un futur crack est un atout inappréciable, une bénédiction pour un club. La liste des trouvailles de « Jean-Mi » est interminable. Il m'avait parlé de Cheslin Kolbe alors qu'il était seulement un espoir, de Siya Kolisi et de Frans Malherbe avant qu'ils deviennent Springboks. Quand nous avions un joueur dans le collimateur, Jean-Michel étudiait son parcours avant d'aller le voir jouer et de le rencontrer : son rapport était souvent déterminant. Il a tenu le même rôle dans le staff tricolore, la fameuse commission de sélection ayant été supprimée par la FFR.

Bien évidemment, il n'était pas question de transférer à Marcoussis tout l'encadrement stadiste mais j'ai recherché des profils similaires, des gens comme Guy Cavaillé, Michel Lamolinairie et Jean-Louis Putinier, admirablement dévoués au club et au manager. De telles personnes tiennent une place non négligeable dans la réussite d'une équipe. Guy Cavaillé était chef d'atelier chez Peugeot quand j'ai pris la direction sportive du Stade : je l'ai fait venir au club car j'avais besoin d'un intendant intelligent, pondéré. Michel « Lamo », je l'avais connu par l'intermédiaire de Robert Labatut, le pilier, le frère de mon entraîneur : il était dirigeant chez les jeunes et j'ai souhaité faire profiter l'équipe première de sa gentillesse sans égale. Certains en ont abusé. Je me souviens que lors d'une chasse au canard, certains joueurs ont cru bon, pour s'amuser, de jeter au feu les chaussures de Michel. Jamais il n'aurait invectivé les fautifs. Je l'ai fait à sa place et la vogue de tels amusements s'est arrêtée là. Jean-Louis Putinier, dit « Pupu », a pris une licence de benjamin au Stade en 1954 et il a tout fait au club ensuite. Alors qu'il était responsable du service des ventes à *La Dépêche du Midi*, il assurait en même temps, à la demande des présidents Cazaux, puis Fabre, les relations avec la presse. Il a été speaker pendant dix-huit ans et aux petits soins de l'équipe première pendant plus de vingt ans ; il s'est mis en retrait en 2016 mais il est resté membre du comité directeur de l'association et il est devenu vice-président du conseil de surveillance de la SASP. Sa fidélité n'a eu d'égale que sa compétence : au courant de tout, archiviste méticuleux, il a rendu des services innombrables et inestimables.

Je ne risque pas d'oublier « Lulu », notre chauffeur de bus. N'en déplaise à Moscato, il ne prétendait pas entraîner l'équipe mais, pour tout le reste et en toutes circonstances, on pouvait compter sur lui. À Pau, quand j'ai grimpé dans les tribunes du stade du Hameau pour corriger un supporter qui m'avait insulté toute la partie, Lucien m'a servi de garde du corps et il a « dégainé » plus vite que moi. À Murrayfield, quand les policiers sont venus m'embarquer à l'issue de la finale de Coupe d'Europe, Lucien a volé à mon secours. Après des années de bons et loyaux services, le bus de la société qui employait « Lulu » ne convenait plus à une équipe professionnelle et son remplacement apparaissait nécessaire. Auprès d'une autre société, le club a trouvé un véhicule plus moderne et plus confortable. « Lulu » est alors venu m'annoncer que, ne pouvant changer d'employeur, il devait nous quitter. Pour moi, son départ était inconcevable. J'ai aussitôt foncé dans le bureau du président pour le lui faire savoir et nous avons prié instamment la société propriétaire du nouveau bus d'embaucher Lucien aux mêmes conditions. Et c'est moi qui ai quitté le Stade bien avant lui !

J'ai toujours eu le plus grand respect pour ceux qui, dans l'ombre, s'escriment à débarrasser l'esprit des joueurs de tout souci autre que celui du match. Je n'ai jamais été moins respectueux envers celui qui nettoie le vestiaire qu'envers le président. Le vestiaire, c'était l'univers d'Ahmed. Chaque matin, je le saluais. Je ne passais pas mes journées avec lui mais il savait que, pour moi, il existait. Avant la finale de la Coupe d'Europe 2010 contre Biarritz, j'ai connu un grand bonheur. Au moment de partir d'Ernest-Wallon pour l'aéroport, comme tout le monde et comme toujours, j'ai déposé mon sac dans le bus avant d'entrer dans le réfectoire réservé aux joueurs. À ma grande surprise, j'ai aperçu Ahmed parmi eux, en blazer, chemise et cravate du club. Je n'en suis pas revenu car j'avais validé la liste des membres de la délégation et Ahmed n'y figurait pas. J'ai appris que les joueurs l'avaient adopté et qu'ils lui avaient offert la tenue officielle. Ahmed a fait partie du groupe champion d'Europe.

L'histoire de « Lulu » et l'histoire d'Ahmed, je les racontais volontiers quand j'intervenais dans les entreprises, par l'intermédiaire de la société Team One de Vincent Clerc, Grégory Lamboley et Philippe Spanghero. Je me suis ainsi retrouvé dans des séminaires où le débat ne volait pas au ras des pâquerettes. Par exemple sur la scène du théâtre Mogador aux côtés d'Alain Prost, très charmant, et de Nelson Monfort, très professionnel, ou encore à Carcassonne, devant un aréopage de médecins. Certains ont pu se demander ce que je faisais là : j'avais simplement été sollicité par le docteur Toulemonde, qui soignait mon épouse. Il devait considérer qu'un long vécu de manager m'autorisait à donner non pas des leçons mais des recettes ou des idées dans des domaines comme la remise en question ou la valorisation des individus, la gestion de l'échec ou de la réussite. Je ne prétends pas avoir convaincu tous les auditeurs mais je crois avoir modifié des attitudes, par exemple celle de tel chirurgien insuffisamment imprégné de l'importance d'une aide-soignante et d'un travail d'équipe.

Dans la structure d'un grand club ou d'une équipe nationale figurent nécessairement des personnes de qualité aux mêmes postes. En équipe de France, je n'avais plus Lucien ou Ahmed mais j'ai croisé leurs semblables, infaillibles dans leur travail, toujours disposés à rendre service. Ainsi Hervé Didelot, en charge de la logistique, et Bernard Lefol, responsable de la sécurité. Avec la même conscience et le même empressement, ils ont servi des générations de joueurs et d'entraîneurs.

Mes proches ont appréhendé ma nouvelle existence, faite de longues absences durant le Tournoi ou les tournées, de départs à l'aube pour l'aéroport et de retours en pleine nuit, remplie de rendez-vous incessants. En même temps, ils l'ont parfaitement admise. Ils m'ont même aidé à prendre ma décision et m'ont assisté avec toute leur affection. Je n'aurais jamais dit oui à l'équipe de France si mon épouse ne l'avait pas souhaité.

15

UN MAILLOT COMME UN TREILLIS

Quatre mois dans le sas m'ont permis de découvrir Pierre Camou. L'aréopage m'a reçu pour la première fois au CNR de Marcoussis. Le président était flanqué de Serge Blanco, Jean Dunyach et Antoine Marin. Il m'a impressionné. Il fumait tellement que j'avais du mal à respirer. J'ai fini par demander à ouvrir une vitre. Tout le monde était habitué à cette tabagie, pas moi…

Le président ne parlait pas beaucoup, il ne répétait pas vingt fois les choses, il semblait deviner si son interlocuteur croyait en lui ou pas. J'ai été rapidement convaincu que Pierre Camou m'accordait sa confiance, qu'il montait avec moi sur le bateau et qu'il lui laisserait le temps d'arriver au port. Cette attitude n'était pas sans me rappeler celle de René Bouscatel. Le président du Stade ne m'avait jamais dit « Tu devrais » ou « Tu aurais dû ». Il n'avait jamais fait la critique, bonne ou mauvaise, des résultats. Dans les pires défaites, il n'avait ni accablé des joueurs ni fait porter le chapeau au manager et aux entraîneurs, comme cela se fait (presque) partout ; au contraire, il s'employait à me réconforter et à me soutenir, il s'impliquait dans la nécessaire remise en question.

Pierre Camou ne parlait pas beaucoup mais il savait tout ce qui se passait. Jean Dunyach l'informait qui était mon principal interlocuteur, intelligent et honnête. Tony Marin était à la fois proche du président, du staff et des joueurs. Champion de France en 1973 avec le Stado Tarbais, il savait partager pudiquement avec nous le stress de l'avant match, les délices d'une victoire et l'amertume d'une déconvenue. Avec lui, on pouvait parler de rugby indéfiniment.

Le président en imposait par sa personnalité. Il était intellectuellement brillant, la subtilité de ses interventions l'attestait, mais, en bon Basque, il ne s'écartait pas de ses convictions. Depuis 2011, il avait fait le tour de ma personne et n'avait pas changé d'opinion. Ainsi avait-il fait mentir le proverbe selon lequel, dans une vie, le bon train ne passe pas deux fois. Pierre Camou et la Fédération m'avaient fixé comme objectif de réussir la Coupe du monde 2019 : je disposais donc de quatre ans pour mener à bien ma mission. Dès la fin du Mondial 2015, le sélectionneur que je devenais est entré dans le vif du sujet : il s'agissait de retenir des joueurs correspondant au projet de jeu en lequel nous avions foi. D'abord, j'ai tenu à prévenir ceux qui, ne satisfaisant pas à nos critères, ne figuraient plus sur les tablettes. À commencer par Dimitri Szarzewki, plus de quatre-vingts fois international au talonnage. Il a encaissé le coup avec dignité et respect ; je sais combien pareille démarche peut blesser mais ce n'est jamais de gaieté de cœur qu'on l'effectue.

Les décisions des sélectionneurs font l'objet, depuis que le XV de France existe, de controverses inextricables.

L'entraîneur ou le sélectionneur est investi de la responsabilité du choix, qu'il exerce en mettant de côté ses états d'âme, sa complicité avec un ancien partenaire, ses affinités avec tel ou tel joueur. La victoire constituant son seul et unique but, il ne saurait sacrifier à des considérations personnelles celui qui est notoirement le meilleur des candidats. Ce serait tromper l'intéressé et l'équipe, se tromper lui-même : c'est inconcevable. Nul ne se vantera d'avoir toujours mis dans le mille mais, quand j'ai pris connaissance du groupe France pour le Mondial 2019, j'ai simplement constaté que nos choix avaient été validés ! À deux exceptions près, à savoir Alldritt, qui évoluait à mon époque en réserve de Fédérale 1, et Bamba, tous les joueurs retenus pour le Japon avaient été auparavant sélectionnés par nos soins, y compris Vakatawa qui était étrangement absent de la liste initiale pour le Mondial. Il n'est pas inutile de mentionner que nous avons lancé, pour ne citer qu'eux, Antoine Dupont, Damian Penaud et Jefferson Poirot et que j'ai fait inscrire Romain Ntamack sur la liste Élite.

Mes premiers messages aux joueurs, que je n'ai jamais cessé de marteler, n'ont pas eu trait à l'art de la passe mais à l'état d'esprit qui devait être le leur, à ce que représentait le maillot frappé du coq. Ils peuvent tenir en trois formules fortes :

– « Vous ne venez pas en équipe de France pour prendre du plaisir, mais pour en donner. »

– « Je ne veux pas avoir à faire avec des représentants de commerce mais avec des joueurs de rugby. »

– « Le maillot bleu, c'est comme le treillis de l'armée française. »

Je tenais particulièrement à cette dernière comparaison. Présenter le rugby comme un jeu d'évitement est une supercherie qui a toujours fait recette. Qu'on le veuille ou non, le rugby est un sport d'engagement, un sport de combat que de beaux gestes, de belles courses et de belles inspirations peuvent rendre sublime. Le passage au professionnalisme a supprimé les brutalités qui étaient l'ordinaire du rugby mais il a rendu l'affrontement plus violent, de plus en plus violent. Le joueur n'ignore pas les risques qu'il encourt, comme tous les sportifs soumis aux chocs ou évoluant à grande vitesse, qu'il s'agisse des cyclistes, des skieurs, des pilotes...

La connotation militaire d'un match international est une évidence que de beaux esprits s'évertuent à nier. Le joueur défend un pays, ses vertus, son histoire. Il chante *La Marseillaise*, qui est un chant de guerre exhortant à donner sa vie pour la patrie. À 20 ans, un international ne se rend pas compte exactement de ce que représente le maillot du XV de France : il joue pour être le meilleur, pour faire honneur aux siens, à son club, à sa région. C'est souvent après avoir raccroché les crampons qu'il retient le concept de nation. J'ai toujours chanté *La Marseillaise* car elle correspond à mon éducation et à ma conception de la vie. L'éducation que j'ai reçue de mes parents a été, par sa sévérité, salutaire. À ceux qui ont eu l'infortune d'être livrés à eux-mêmes, l'armée peut fournir les repères nécessaires. J'ai souvent entendu que le service militaire était du temps perdu. Je suis de l'avis contraire, je considère que c'était du temps gagné car cette période était très profitable. Un an sous les drapeaux, c'était à la fois beaucoup et peu. Le service a été supprimé mais des stages façon commandos sont fréquemment imposés à l'équipe nationale, voire à des équipes de club. La compétition n'est pas réservée aux sportifs, elle existe partout dans la vie quotidienne, qui est de plus en plus ingrate. Et l'armée, comme la police, prépare à affronter ces difficultés. L'une et l'autre développent l'opiniâtreté, la solidarité. Je sais de quoi je parle : international d'athlétisme, je suis passé par le Bataillon de Joinville où j'ai fait, le lundi matin, avant de me consacrer au sport, mon apprentissage militaire. Certains côtés de l'armée ont été caricaturés. J'ai préféré, pour ma part, ne retenir que les bons. Pendant que j'effectuais le service militaire, ma grand-mère, qui avait passé ses dix dernières années parmi nous, est décédée. J'ai demandé au capitaine de me libérer pour pouvoir assister aux obsèques. De prime abord, il ne m'a pas cru, puis il a dû lire la détresse dans mes yeux ; finalement, c'est lui qui m'a accompagné à la gare de Fontainebleau…

Pour que la notion de solidarité s'incruste dans les esprits, j'ai utilisé une vidéo montrant des toréros venir protéger, face au taureau, un collègue encorné. Je misais sur l'effet de surprise. Au Stade Toulousain, j'avais demandé à Julien Barès de retrouver un documentaire qui m'avait frappé et sur lequel on voyait un buffle, en train de se désaltérer, se faire attaquer par un crocodile, puis par des lions ; il avait été sauvé par l'intervention des autres buffles de son troupeau. J'avais tenu à projeter cette séquence pour convaincre les joueurs que la force d'un collectif peut être irrésistible ; pour aider notamment à se transcender ceux qui nourrissent, avant l'affrontement, une appréhension qu'ils s'évertuent à dissimuler mais que l'entraîneur perçoit. J'ai constaté avec satisfaction que les garçons étaient captivés par cette projection, ce qui les rendait plus réceptifs à des exposés techniques et tactiques.

Autant je tenais à l'image du treillis, autant j'ai épargné aux joueurs la rengaine ridicule fredonnée depuis un quart de siècle : « On veut être champions du monde. » Comme si chaque nation, jusqu'à la dernière qualifiée pour le Mondial, ne brûlait pas du même désir ! Ce genre de truisme ne sert qu'à banaliser la tâche. Tout aussi consternante est la formule servie après chaque match, gagné ou perdu, par les joueurs et les entraîneurs : « On va travailler. » Comme si les autres équipes faisaient la sieste ! Non seulement ce potage insipide finit par rebuter le consommateur, quand il n'est pas trop naïf, mais il contient implicitement de l'irrespect envers les adversaires et envers « la glorieuse incertitude du sport ». Il ne suffit pas de vouloir être champion pour soulever le trophée. Quand bien même la preuve par neuf – neuf Coupes du monde – en a été administrée, la soupe n'a pas été améliorée. Bien que nul n'ignore la fragilité d'un résultat, elle est trop souvent oubliée pour faire place à de savantes analyses dessinant un avenir qui, par définition, est indéfini. Pour s'en tenir à la seule Coupe du monde, l'édition 2011 constitue le meilleur exemple de la fugacité d'un verdict sportif. Si jamais XV de France frôla le bonheur suprême, ce fut bien lors de cette fameuse finale contre les All Blacks où l'équipe de Thierry Dusautoir, devant le public néo-zélandais, se hissa au niveau du plus prestigieux des adversaires, avant de s'incliner par le plus petit écart. Or, en demi-finale, devant des Gallois réduits à quatorze par l'expulsion de leur capitaine, le succès français avait été pour le moins tiré par les cheveux. Quant aux événements qui suivirent la performance des Tricolores à Auckland, ils furent pour le moins douloureux. En 2019, l'équipe de France a été éliminée en quart de finale, comme quatre ans plus tôt. Sans l'expulsion de Vahaamahina, elle eût probablement accédé au dernier carré : cette fois, ce sont les Gallois qui ont bénéficié de l'avantage numérique. Mais les Tricolores ne se seraient sans doute pas qualifiés – une première dans l'histoire – si, à la dernière minute du match d'ouverture, l'Argentin Boffelli n'avait manqué la pénalité de la gagne.

Il vaut mieux dire « On va donner le meilleur de nous-mêmes » que « On va réussir ». Il y a tellement d'impondérables ! Eddie Jones, l'entraîneur de l'Angleterre, a peut-être appris l'humilité au Japon. Pendant quatre ans, il a annoncé que son équipe était la plus forte et qu'elle le prouverait au Mondial. Effectivement, elle l'a prouvé en demi-finale en renversant le tenant du titre à la faveur d'une formidable prestation. Pareil exploit contre les All Blacks a fait logiquement de l'Angleterre le champion en puissance. Je ne prétends pas que j'ai parié sur l'Afrique du Sud mais j'ai pensé que l'on enterrait un peu trop vite les Springboks, leur physique et leur tempérament depuis toujours énormes. Justement parce que leur victoire en demie sur le pays de Galles avait été loin de convaincre, il ne fallait surtout pas les traiter comme des faire-valoir. En finale, l'Angleterre n'a pas tenu la distance. Après ce genre de dénouement, il se dit habituellement que les vaincus avaient joué la finale au tour précédent : à l'évidence, les Anglais ont payé les gigantesques efforts produits pour battre les Blacks. Il ne fait pas de doute non plus que le fameux complexe de supériorité, vieux comme le sport, a fait son œuvre. Il est d'autant plus funeste qu'il s'installe dans l'inconscient des joueurs, en dépit de leur volonté de le chasser, en dépit de tous les avertissements des entraîneurs. C'est pourquoi, en Angleterre comme en France et partout ailleurs, il ne cessera jamais de faire des ravages.

16

VINGT-QUATRE MOIS POUR CONSTRUIRE

En prenant mes fonctions tricolores, j'ai été confronté à un autre environnement médiatique : dix fois plus de journalistes, un amphithéâtre plein à chaque conférence de presse. J'ai toujours été attentif à tout ce qui est écrit. Assez tôt dans ma carrière, j'ai compris que la presse faisait partie du système et qu'elle pouvait être utilisée, avec un soupçon de mauvaise foi au besoin. La méthode la plus courante, pour motiver son équipe, est d'en faire un souffre-douleur : « Tout le monde est contre nous, on va leur montrer. » Je n'ai rien inventé. En occultant soigneusement les compliments, on jette aux visages les critiques imprimées ; on peut aussi les afficher dans le vestiaire. La maîtrise de la communication est un aspect très important de la fonction d'entraîneur ou de manager. Dans la mesure où le discours que l'on tient devant les journalistes, différent des confidences faites à quelques interlocuteurs dignes de confiance, sera lu par les joueurs, les mots doivent être choisis, pour venir en complément du message délivré en interne. Le moment aussi. J'ai toujours évité de noircir le tableau après une grosse déconvenue, les joueurs étant suffisamment abattus ; ce sont des mécaniques fragiles, ils ont davantage besoin d'être réconfortés qu'éreintés. Remuer le fer dans la plaie ne sert qu'à l'agrandir, qu'à instaurer le doute en abolissant les repères. J'ai toujours préféré émettre des critiques après une victoire :

c'est alors beaucoup plus facile de convaincre les joueurs qu'ils ont à corriger des erreurs et cela permet de tempérer un climat euphorique toujours pernicieux. À force de relativiser les victoires, je suis passé pour un rabat-joie. J'assume cette image que ma fonction m'obligeait à donner. Je ne le répéterai jamais assez : le match le plus important est toujours le prochain, celui qui vient de s'achever doit être évacué au plus vite. À force de respirer l'encens, on s'endort sur les lauriers ; au réveil, on constate que les concurrents les ont ramassés.

À titre personnel, j'ai été plutôt bien traité par les médias. Les résultats de mon club n'étaient pas pour inciter au dénigrement. Plus que d'une analyse technique, la plupart des journalistes sont en quête de mots susceptibles de faire sensation, pour répondre à l'attente des lecteurs et des auditeurs. Certains ont écrit avant de me parler. Quant aux commentaires blessants, plutôt rares, je me suis efforcé de les oublier mais je n'y suis pas toujours parvenu... En devenant sélectionneur, il me fallait me protéger davantage et prendre mes distances afin que ma vie ne devienne pas un enfer. Je n'ignorais pas que je disposais de moins de temps qu'au Stade Toulousain et que l'attente, celle de la France entière, était plus forte. Pour autant, je n'ai pas ressenti de pression supplémentaire. D'ailleurs, ce n'était pas possible : avec celle qui s'exerçait au Stade Toulousain et celle que je rajoutais moi-même, le manomètre avait déjà atteint le maximum. La pression, négative celle-là, je l'ai connue plus tard, quand la direction de la FFR a changé.

Pierre Camou, lui, ne m'a pas demandé d'accomplir des miracles ; il a souhaité que je reste moi-même et il m'a assuré de son soutien. Nous ne partions pas d'une page blanche mais le puzzle comptait pas mal de nouvelles pièces et il fallait du temps pour les assembler. Nous savions où nous voulions aller mais nous ne comptions pas toucher au but immédiatement. L'aventure a commencé par un stage à Marcoussis, selon la volonté de la Fédération. Rien de plus logique que de rassembler le nouveau groupe au Centre National du Rugby, idéalement dédié à la performance. Le programme de chaque stage est minuté et tout est parfaitement calé, au plan matériel comme administratif : joueurs et staff peuvent se concentrer exclusivement sur leur tâche. Cependant, l'équipe de France passe tellement de temps à Marcoussis qu'elle a parfois besoin de changer d'air.

Après avoir fait savoir aux joueurs quel comportement j'attendais d'eux, j'ai tenu à les recevoir individuellement afin de mieux les connaître, d'enregistrer leurs réactions et de faire passer un message adapté à chaque personnalité. L'entretien avec Wesley Fofana, en présence de Jeff Dubois, est celui qui m'a le plus marqué. Dans notre effectif, aucun ailier ne s'imposait vraiment et nous avions résolu d'utiliser le Clermontois à ce poste. Je lui ai expliqué qu'il pouvait nous rendre là de fiers services, que son déplacement ne serait que provisoire. Il est resté impassible, aucune expression n'est apparue sur son visage ; son attitude m'a décontenancé, au point que je lui ai demandé s'il avait bien compris mon propos. Quand Wesley s'est retiré, j'étais convaincu qu'il ne m'accordait aucune confiance, à moins qu'il n'eût, comme moi, besoin de temps avant de la donner. Je souhaitais faire de lui le leader des trois-quarts : effectivement, au fil des séances, il a pris de l'étoffe et s'est mis à faire plus de passes qu'il n'en faisait au centre. Il était donc beaucoup plus réceptif qu'il n'y paraissait. Lorsque j'ai été écarté, il a été l'un des premiers à m'envoyer un texto, puis à déclarer publiquement son désaccord sur mon limogeage. Il m'a aussi envoyé une photo de son fils qui venait de naître : qu'un garçon avec qui je n'avais pas de lien particulier ait souhaité partager avec moi l'un des moments les plus forts de son existence m'a beaucoup touché.

L'une de mes premières décisions de sélectionneur a été la nomination de Guilhem Guirado comme capitaine et nous avons profité du premier stage pour adouber le Catalan de Toulon devant ses équipiers. Guilhem, nous avions failli l'engager au Stade Toulousain. Sa promotion au capitanat a été recommandée par Yannick Bru qui avait eu, en trois ans, tout le temps de juger l'homme ; il nous a assuré que Guirado avait la capacité de s'exprimer en interne et qu'il exerçait une réelle influence sur le groupe même si, à l'instar de Thierry Dusautoir, il paraissait taciturne. Son choix s'imposait d'autant plus qu'il était l'un des très rares titulaires indiscutables. Je lui ai téléphoné et il s'est dit surpris que nous ayons pensé à lui : c'est le genre de garçon à ignorer qu'il mérite un tel honneur. Je lui ai fait savoir que nous ne manquerions pas de l'aider et de l'accompagner. Les premiers temps, il a déclaré qu'il était impressionné de se trouver à mes côtés. D'autres joueurs l'ont dit également. Au contraire, j'entendais être accessible à tous, à l'écoute de tous. J'ai toujours fait dans le naturel. Si, très naturellement, j'ai pu exercer quelque emprise, je n'en ai jamais joué car mon éducation a proscrit cette forme d'irrespect. Si j'ai pu impressionner des joueurs du XV de France, c'est certainement parce que je représentais pour eux la réussite du Stade Toulousain, plus exactement les défaites qu'ils avaient enregistrées contre nous. J'ai donc invité Guilhem Guirado à m'appeler par mon prénom et à me tutoyer. Nous avions en commun nos origines espagnoles mais nous n'avons jamais eu le loisir d'échanger suffisamment sur ce sujet qui était de nature à favoriser une complicité. Nous avons, finalement, passé peu de temps ensemble et ce temps était entièrement consacré à l'amélioration du rendement de l'équipe ; nous étions toujours dans l'urgence d'une préparation, d'une analyse.

Au moment de dresser la première liste, j'ai consulté mes adjoints, comme je le faisais au Stade Toulousain. Nous avons retenu Poirot, Jedrasiak, Bézy, Camara, Danty, rappelé Plisson, Machenaud, Trinh-Duc, Fall et Vahaamahina, lequel était sans doute le meilleur deuxième ligne ; de mon point de vue, il l'est resté même après qu'un geste inexcusable, en quart de finale de la Coupe du monde, a mis fin à sa carrière. Médard aussi a effectué son retour, non parce qu'il était l'un de mes « enfants » mais parce qu'il était revenu à son meilleur niveau : il serait l'artisan de la victoire sur l'Irlande. Bastareaud n'a pas été sélectionné mais j'ai précisé qu'il n'était pas écarté, qu'il serait suivi et qu'il ne tenait qu'à lui de recouvrer la forme internationale. J'ai tenu parole. Ses efforts ont été récompensés l'année suivante et ce n'est pas Bernard Laporte, son ancien manager à Toulon, qui m'a forcé la main. Pourquoi mentir ? Laporte ne m'a jamais imposé quiconque. C'est ainsi que, lors du test contre le Japon qui devait être mon dernier à la tête du XV de France, j'ai remplacé Penaud par Bastareaud en début de seconde mi-temps et Mathieu a puissamment contribué à éviter la défaite.

Nous nous donnions vingt-quatre mois pour construire un groupe, il nous en resterait autant pour travailler avec. Pour autant, il n'était pas question de mettre les premiers résultats entre parenthèses ; bien évidemment, nous allions nous employer à rencontrer le succès le plus rapidement possible. Nous avions la chance de pouvoir travailler dans la sérénité, sans l'épée de Damoclès au-dessus de nos têtes. Ce n'étaient pas les commentaires sur nos choix qui risquaient de nous perturber. Pour ma part, je ne m'en suis jamais soucié. Chacun son métier : le mien consistait à tirer le meilleur profit des qualités des joueurs retenus selon nos convictions, sur des paramètres parfois inconnus des journalistes et du grand public. Certes, les performances du terrain sont primordiales mais d'autres éléments importants sont pris en considération au moment de départager des garçons de valeur sensiblement égale : le comportement à l'entraînement et au sein du groupe, la personnalité, le volontarisme, l'apport au collectif... Identifier les joueurs à gros potentiel et grand avenir n'est pas le plus délicat. Il y aura toujours ceux qui, comme Damian Penaud, confirment brillamment et ceux qui ne franchissent pas le cap. Au-delà des blessures qui affaiblissent l'équipe et ruinent les plans de tout entraîneur, le sélectionneur national vit un cauchemar depuis que, dans notre championnat, les postes-clés sont occupés par des étrangers, dans une proportion effarante. Il se trouve ainsi contraint d'appeler en équipe de France des joueurs qui sont remplaçants en club et dont le temps de jeu est, de ce fait, insuffisant.

À titre personnel, devoir abandonner le bord du terrain et le survêtement pour la tribune et le costume-cravate m'a causé souci. Je me suis préparé à ce changement qui était loin d'être neutre, j'ai réfléchi à la meilleure façon de demeurer au bord de la touche sans y être. Bien sûr, des appareils sophistiqués permettent de faire passer le message mais, entre celui qui se trouve sur la pelouse, en l'occurrence Jeff Dubois, et ceux qui sont assis dans les travées, Yannick Bru et moi, la perception des événements n'est jamais rigoureusement identique et seul un bref échange est possible. Nous n'avons quand même pas tardé à trouver la bonne longueur d'ondes.

Virimi Vakatawa était l'attraction de notre premier match du Tournoi des VI Nations, le 6 février 2016, au Stade de France, contre l'Italie. Servi par Médard, l'ailier fidjien a marqué avec le premier ballon qu'il a touché, éliminant l'ultime défenseur par un crochet intérieur. Ayant quitté le Racing Metro, Vakatawa était alors sous contrat avec la FFR pour le compte de l'équipe de France à sept à laquelle il était indispensable. Estimant qu'il pouvait devenir un atout maître du XV de France, j'ai négocié avec Jean-Claude Skrela, manager de France 7, sa mise à disposition. Nous avons établi à son intention un programme spécifique de préparation physique. Vakatawa a été un coup gagnant. Il a fait un match sensationnel contre l'Italie, prenant une part prépondérante dans le troisième essai. J'ai pensé plus tard qu'il pèserait encore davantage sur les défenses en tant que trois-quarts centre et il est devenu incontournable à ce poste.

Notre troisième essai a été signé par Hugo Bonneval, fils du centre le plus talentueux au côté duquel j'ai joué. J'ai toujours eu une grande affection pour Erik ; sur le terrain, nous étions en totale connivence et il m'a permis de profiter de ses exploits. Je n'ai pas sélectionné Hugo pour faire plaisir à son père mais parce qu'il avait le même talent, à défaut d'avoir la même constitution. De même pour Romain Ntamack, que j'ai fait inscrire sur la liste Élite en juin 2017, alors qu'il opérait avec les Espoirs du Stade Toulousain et qu'il n'avait pas disputé un seul match de Top 14. Prononcer ce nom a fait aussitôt resurgir l'image d'Émile, que j'avais nommé capitaine du Stade Toulousain et sur lequel je me suis longtemps appuyé. Je me suis souvenu du jour où « Milou » était venu me trouver pour m'annoncer son départ à Narbonne, motivé par cette réflexion du titulaire du poste : « Tu ne joueras jamais à l'arrière tant que je serai là. » Lui aussi devait se souvenir de ma réponse : « Si tu es dans ces dispositions, c'est que tu n'es pas apte à relever le défi. Effectivement, il est préférable que tu partes à Narbonne. » Émile est finalement resté et il a relevé tous les défis.

Le XV de France a battu l'Italie grâce une pénalité lointaine réussie par Plisson et grâce au drop raté par... Sergio Parisse dans les arrêts de jeu. Je ne sais pas ce qu'en a pensé Jacques Brunel, son manager, mais j'ose croire qu'aucun de mes avants, de l'équipe de France comme du Stade Toulousain, ne se serait permis un tel geste, pour moi irrespectueux, qui plus est de la part d'un capitaine. En dépit de mon admiration pour le joueur, je n'aurais pas admis qu'il ait voulu se faire plaisir au détriment de ses partenaires et adversaires, au détriment du rugby tout simplement. Évidemment, s'il avait réussi son coup de pied, il eût été célébré comme un héros national et c'est peut-être à son image qu'il a songé.

La semaine suivante, nous avons reçu l'Irlande, qui avait donné la leçon aux Tricolores en match de poule de la Coupe du monde. Teddy Thomas a été titularisé à l'aile. Bien qu'il m'ait été présenté comme un personnage excentrique, j'ai voulu lui montrer que je croyais en lui comme je croyais en Vakatawa. La confiance pousse un joueur à se transcender. Celle que me témoignait Claude Labatut me faisait grimper aux arbres. Sauf à la fin de la saison 1979, parce qu'une sciatique paralysante m'empêchait de me hisser seulement sur la pointe des pieds. Claude tenait pourtant à ce que je joue le quart de finale contre Montferrand, à Brive. Il savait que si je tenais ma place, mon vis-à-vis Frédéric Costes, qui m'avait succédé en équipe de France, allait courir moins vite. Le matin du match, Claude et moi sommes partis tous deux en voiture de l'hôtel pour que je puisse me tester. Il s'est échauffé avec moi, le long d'une voie ferrée. Je boitais, le test n'a pas duré longtemps, au contraire de mon estime pour cet entraîneur qui m'avait accordé un tel crédit. Devenu entraîneur, j'ai naturellement reproduit, à ma façon, des méthodes de Claude auxquelles j'adhérais et qui m'avaient profondément marqué. À Marcoussis, il m'est arrivé de me livrer à des séances de préparation physique en tête-à-tête avec Teddy. Il a été sensible à l'intérêt que je lui portais, un lien s'est noué. Quand j'ai été remercié, lui aussi s'est exprimé en ma faveur.

Contre l'Irlande, notre stratégie consistait à neutraliser l'ouvreur Johnny Sexton et elle s'est avérée payante. À dix minutes de la fin, l'essai de Médard, amené par Machenaud en sortie de mêlée, nous a permis, avec la transformation de Plisson, de prendre la tête et de la conserver jusqu'au bout. Il n'y avait pas de quoi pavoiser mais nous avons savouré cette victoire à sa juste valeur, comme un petit exploit. Rien de tel pour cimenter une équipe : elle avait rempli son contrat et donné du plaisir à ses supporters.

Hélas, notre prestation à Cardiff a été décevante. Les Gallois avaient résolu d'éclairer le match à la chandelle et nous n'en avons pas récupéré une seule : dans ce domaine, nous nous sommes couverts de ridicule. L'essai en contre marqué par l'ailier George North a également tourné, surtout dans son aboutissement, à notre confusion. Bien que le score ait pris de l'ampleur avant que nous réduisions la marque par un essai en fin de match, nous sentions que nous n'étions pas très loin de nos vainqueurs.

Cette première défaite a révélé notre inconsistance dans une phase de jeu pourtant élémentaire. C'est en se faisant taper sur les doigts que l'on avance. Nous avons aussitôt soumis les joueurs à des exercices novateurs qui s'avéraient nécessaires : tout le monde, en effet, n'est pas Damian Penaud, souverain sur les balles hautes.

Pour le déplacement en Écosse, Spedding a été titularisé à l'arrière. D'origine sud-africaine, Scott fait partie des étrangers, de plus en plus nombreux, qui ont montré leur attachement à notre pays en se faisant naturaliser. Scott Spedding a bien mérité de la patrie, à la fois par son talent et son engagement. Il a été d'une fidélité à toute épreuve : je pouvais lui demander la lune, il aurait tout fait pour la décrocher. Quand il ne réussissait pas son match, il se jugeait avec une rare objectivité. Je l'ai toujours accueilli dans le groupe avec grand plaisir et, quand j'ai dû l'écarter pour des raisons purement sportives, ce fut toujours un crève-cœur.

Nous nous doutions bien que, pour avoir rectifié le tir dans le domaine des réceptions de balles, nous n'étions pas au bout de nos peines et le déplacement en Écosse l'a confirmé. Un bel essai de Guirado a donné le ton mais nous avons ensuite couru après le score. J'ai gardé en mémoire une pénalité concédée par Vahaamahina en touche alors qu'il venait d'effectuer son entrée en jeu mais surtout la roublardise de Vern Cotter. L'ancien coach de Clermont avait, ce jour-là, un temps d'avance sur moi ; en faisant évoluer ses joueurs à la limite extrême de la faute, il m'a donné une véritable leçon. J'aimais bien Vern. Notre rivalité sportive ne nous a pas empêchés de partager d'excellents moments sans parler de rugby, à la chasse par exemple. Nous avions des centres d'intérêt communs, une façon similaire d'appréhender l'existence. Je lui ai volontiers rendu un service en intervenant auprès de Louis Picamoles pour inciter ce dernier à revenir à Montpellier, alors qu'il était sous contrat en Angleterre. J'ai rarement entretenu une relation de ce genre avec les entraîneurs que j'ai croisés, pas forcément par manque d'affinités mais parce que les emplois du temps n'en fournissaient guère l'occasion. Cependant, je les ai tous respectés, y compris Bernard Laporte. Au fil des années, j'ai vu arriver sur le banc de touche des garçons que j'avais connus joueurs : Deylaud, Ntamack, Mola, Garbajosa, Gérard, Aucagne, Collazo, Sonnes... Je ne m'attendais pas à voir ce dernier embrasser la carrière d'entraîneur et faire preuve d'une telle maturité. Régis avait mis sa carrière de joueur entre parenthèses pour s'adonner au surf. Cependant, sous des airs de dilettante, il a toujours tout fait avec sérieux, il a toujours été dans la réflexion. Patrice Collazo, qui a formé avec Xavier Garbajosa un tandem très performant à La Rochelle, n'est pas resté longtemps au Stade Toulousain : il ne faisait pas les gros titres des journaux mais il faisait le boulot. Le coach est resté ce qu'était le joueur, assez renfermé ; il ne s'exprime que lorsqu'il est sollicité. Patrice Collazo n'a renié ni son passé ni ses convictions : il n'a pas accepté d'assister mon successeur à la tête du XV de France. J'ai déjà indiqué que William Servat m'avait blessé en se mettant au service de ceux qui m'ont évincé. Pour Jean-Baptiste Elissalde, la donne avait été différente : il n'avait pas d'employeur quand il a été sollicité par la FFR, en décembre 2017. D'ailleurs, il m'a donné un coup de téléphone pour m'informer puis, quand il a été présenté à la presse dans l'auditorium de Marcoussis, il a eu l'élégance de me remercier... avant que son micro soit coupé.

Pour en revenir au Tournoi 2016, il s'est achevé par une défaite devant l'Angleterre qui a réalisé le grand chelem. Sept pénalités de Machenaud nous ont permis de rester longtemps dans la course mais les Blancs et leur ouvreur Farrell ont eu le dernier mot, le carton jaune infligé à Chiocci ruinant nos derniers espoirs à trois minutes de la fin. Malgré les dix points d'écart, le XV de France n'avait pas à rougir de sa prestation. Il avait gagné au moins le soutien du public.

17
PAS LOIN DES ALL BLACKS

Il faut du temps pour construire un mur mais les fondations du nôtre étaient assez solides pour nous autoriser à croire en des lendemains meilleurs. Le puzzle prenait tournure. Guilhem Guirado avait réussi son Tournoi, il avait pris conscience de ses capacités, franchi un cap. J'avais rappelé Maxime Mermoz, dont le départ du Stade Toulousain, en 2008, ne s'était pas fait sans grincements de dents : le Fidjien Maleli Kunavore, un taiseux doté de gros moyens, s'était alors imposé au centre ; il devait décéder quatre ans plus tard, victime d'une crise cardiaque. Remplaçant pour le premier match contre l'Italie, Mermoz a été titulaire pour les quatre autres : il l'avait mérité.

L'échéance suivante était la tournée de juin en Argentine mais j'ai fait savoir que je laisserais les joueurs à la disposition de leur club pour la phase finale du Top 14, qui tombait en même temps que la tournée. Une telle décision ne servait pas les intérêts tricolores mais j'avais été si longtemps de l'autre côté de la barrière, j'avais tellement souffert de l'absence des internationaux que je ne pouvais décemment pas pénaliser les clubs et les entraîneurs au moment le plus important de leur saison. C'est ainsi que le groupe France pour les deux tests chez les Pumas a été constitué de deux contingents : onze joueurs issus des clubs éliminés en barrages sont partis rejoindre les dix-sept premiers sélectionnés. Par respect pour ceux qui avaient à défendre le maillot bleu, j'ai refusé d'admettre la notion de « sélection au rabais » développée dans les médias et il ne sert à rien de prendre position dans la controverse sans fin à propos de la mise à disposition des joueurs : établir un calendrier cohérent ressortit à la quadrature du cercle, de l'ovale plutôt, car les intérêts des clubs et de l'équipe nationale sont radicalement opposés et inconciliables. Toujours est-il que la tournée a mal débuté, l'équipe de France perdant le premier test, à Tucuman. La soirée a été pire que la défaite. À la réception d'après match, nous sommes arrivés avant les Argentins et, quand le dîner a commencé, j'ai constaté que notre troupe était éparpillée dans la salle. Le service n'était pas terminé quand j'ai entendu des chants... bien de chez nous. Je n'en croyais pas mes oreilles. À la table officielle, où je me trouvais, j'ai présenté des excuses à l'entraîneur Santiago Phelan, puis je me suis levé pour aller parler à mes joueurs. D'un air naïf, mais suffisamment crispé afin que ne subsiste aucune ambiguïté, je leur ai demandé : « Pouvez-vous me dire pourquoi vous chantez ? Après la rouste que nous venons de prendre, je ne comprends pas bien. » J'ai plombé l'ambiance. De retour à l'hôtel, j'ai gagné ma chambre sans me préoccuper des agissements des joueurs. La nuit a été mauvaise, moins que le matin toutefois. Debout très tôt, j'ai appelé l'ascenseur pour aller prendre le petit-déjeuner. Quand la porte s'est ouverte, je me suis trouvé face à un joueur et à un accompagnateur argentin en galante compagnie.

Je n'ai pas dit un mot, j'ai baissé la tête mais, intérieurement, je commençais à bouillir. J'ai demandé à voir le directeur de l'hôtel et il a fallu palabrer avant que je sois autorisé à me rendre au sous-sol pour visionner les images enregistrées par les caméras à l'entrée de l'hôtel. J'ai su ainsi à quelle heure chacun était rentré et avec qui. Aussitôt, j'ai réuni l'ensemble de la délégation pour effectuer, sans mâcher mes mots, la mise au point qui s'imposait. On aurait entendu une mouche voler. Je crois que les joueurs ont reçu le message car la semaine suivante a été tendue, studieuse et l'équipe de France a pris une nette revanche (27-0) sur les Pumas. Dès lors, une joyeuse soirée s'imposait. Un match était gagné, et bien gagné, mais la partie avec cette génération de joueurs ne l'était toujours pas. Un soir d'automne, durant un stage à Marcoussis, nous avons décidé de les changer d'air et de les emmener dîner au VIP Paris, magnifique bateau-hôtel sur la Seine où le Racing Métro avait fêté son titre. La table du staff tournait le dos à celle des joueurs, que je trouvais étonnamment silencieuse. Mon voisin m'a soufflé : « Guy, ne te retourne pas. » Évidemment, je me suis retourné et j'ai eu droit au navrant spectacle de garçons presque tous penchés sur leur téléphone qu'ils manipulaient. Déjà, avant cette soirée, j'avais été interrompu en cours de briefing par une sonnerie intempestive. Sur le bateau, je n'ai pas réagi mais j'étais terriblement déçu de constater que nous avions fait fausse route en pensant qu'une telle sortie permettrait aux joueurs de se divertir, d'échanger dans un cadre superbe et de renforcer ainsi les liens. Le lendemain, j'ai de nouveau réuni la troupe, après l'entraînement, pour annoncer que l'usage du téléphone portable était désormais interdit partout, sauf dans les chambres, et que celui qui ne respecterait pas cette disposition serait renvoyé chez lui. Un lourd silence a encore suivi mon intervention, mais pas pour longtemps. En effet, dès le lendemain, une belle humeur régnait à table et les joueurs devisaient avec le même plaisir que nous au siècle précédent. Qu'ils aient pris conscience des agréments de la conversation en direct constituait pour moi une victoire. Elle a été parachevée, quelques jours après, par la démarche de Louis Picamoles venu solliciter, au nom du groupe, l'autorisation de se rendre à Paris pour un dîner en commun. J'ai pris le temps de la réflexion et j'ai donné mon accord, non sans fixer la règle du jeu : elle a été scrupuleusement respectée et tout le monde n'a eu qu'à s'en féliciter. Une telle rigueur n'a pas toujours été de mise, en Écosse par exemple...

La tournée d'automne 2016 a débuté par un stage à Canet-en-Roussillon dont je connaissais l'hôtellerie et les installations sportives pour les avoir utilisées avec le Stade Toulousain. Ce rassemblement en pays catalan a précédé un test-match qui, pour moi, n'était pas comme les autres car il se disputait au Stadium. Ce retour au pays a été une totale réussite puisque l'équipe de France, à la faveur d'une superbe prestation contre les Samoa, a fait plaisir au public et que le public m'a fait plaisir en m'offrant une ovation. Le deuxième test, contre l'Australie au Stade de France, s'est joué à bien peu de chose, pas seulement sur le drop de Lopez qui, à la 82e minute, a manqué la cible au lieu de nous donner la victoire par 26 à 25. Auparavant, l'essai en coin de Kuridrani, qui avait procuré aux Wallabies neuf points d'avance, avait été validé après recours à la vidéo alors qu'il n'était pas valable, le joueur ayant déposé le ballon au pied du drapeau de touche, donc en dehors des limites du terrain : cette erreur d'arbitrage nous a coûté cinq points et nous avons perdu le match de deux. Sans parler des mêlées de fin de match sur lesquelles nous avons malmené le pack australien sans obtenir la moindre pénalité. Yannick Bru a rédigé un rapport qui a été officiellement adressé à World Rugby mais il ne pouvait servir que... pour le futur.

Dans le présent, le test de clôture contre les champions du monde mobilisait toutes nos énergies. J'avais eu l'honneur de rencontrer deux fois les All Blacks, en 1977, et de les battre à Toulouse avant qu'ils prennent leur revanche, la semaine suivante, au Parc des Princes. Il s'agissait, pour moi, de démythifier cette équipe presque intouchable, partout admirée pour les joueurs fabuleux qu'elle n'avait jamais cessé de produire, pour le jeu fignolé qu'elle n'avait jamais cessé de pratiquer, merveilleuse combinaison de talent et de sobriété. Le haka contribue pour beaucoup au mythe. J'aime ce rituel, heureusement conservé à l'ère professionnelle. Toutefois, si le haka mérite le plus grand respect, la réaction de l'adversaire à ce défi guerrier le mérite aussi, du moment qu'elle n'est pas outrageante. J'avais apprécié la réponse intelligente, initiée par Thierry Dusautoir, du XV de France en finale de la Coupe du monde 2011. Mais pourquoi donc les arbitres de la demi-finale de Coupe du monde 2019 ont-ils fait reculer en deçà de la ligne médiane les joueurs se trouvant à la pointe du V formé par les Anglais ? Et pourquoi une équipe n'aurait-elle pas le droit d'entourer les All Blacks quand ils exécutent le haka ? Toujours est-il que, pour tous les entraîneurs de la planète, la Nouvelle-Zélande est la référence suprême et il n'y a aucune honte à s'inspirer de ce qui se fait de mieux. Avec Byron Kelleher, Claude Hélias, Yannick Bru et le kiné Christophe Foucault, je m'étais rendu en 2009 à Waikato afin de voir fonctionner la franchise des Chiefs, plus particulièrement dans le domaine de la préparation physique. Nous avions eu un contact fructueux avec le coach Ian Foster, qui allait devenir l'adjoint de Steve Hansen, puis son successeur à la tête des All Blacks. À cette occasion, nous avions croisé Sivivatu qui semblait tenté par le Stade Toulousain et qui a finalement opté pour Clermont. L'année précédente, nous avions accueilli au Wallon Mike Cron, adjoint de Steve Hansen en charge de la mêlée : à l'issue de la tournée de novembre des Blacks, il était venu échanger avec Yannick Bru et faire connaître ses méthodes à nos avants.

L'incomparable palmarès des All Blacks indique cependant que ces dieux du rugby redeviennent parfois des mortels, notamment quand l'adversaire se montre aussi agressif qu'eux, voire davantage. Je me suis efforcé de convaincre mes joueurs qu'ils étaient capables, comme certains de leurs aînés, de dérégler cette belle machine avec un gros mental et une organisation sans faille dans le replacement. Et ils ne sont pas passés loin de l'exploit. Ils ont perdu de cinq points (19-24), après avoir rivalisé jusqu'au bout. Ils n'ignoraient pas que la moindre erreur devant les Blacks est fatale et ils en ont, hélas, commis trois qui ont causé notre perte : un carton jaune reçu par Atonio, une absence de Nakaitaci sur un coup de pied tactique et un dernier ballon abandonné qui pouvait tout changer. Constater qu'il suffisait d'un gramme pour faire pencher la balance de cette tournée du côté du succès a été aussi frustrant que réconfortant.

Les élections à la FFR étaient toutes proches. Nous n'avions guère évoqué le sujet dans l'année, d'autant que nos dirigeants s'étaient évertués à nous rassurer, nous recommandant de nous concentrer sur notre tâche. Avec le recul, je me suis dit que le staff du XV de France aurait peut-être dû, au contraire, intervenir en faveur de Pierre Camou. En tout cas, je trouvais l'équipe en place bien réservée, face à un Bernard Laporte qui avait démarré très tôt sa campagne. Les analyses des médias ne m'incitaient pas à l'optimisme. J'ai appris alors que le Stade Toulousain destinait ses voix à Laporte et j'en ai été sidéré. J'ai téléphoné aux porteurs de voix qui m'ont garanti qu'il n'en était rien. Je n'ai pas agi de la sorte par animosité envers Bernard Laporte mais par loyauté envers ceux qui m'avaient accordé leur confiance. En revanche, Philippe Rougé-Thomas militait bel et bien dans l'opposition. Il avait été contacté par ceux qui le savaient isolé au Stade Toulousain et il s'était engagé, m'a-t-il affirmé, à condition que je sois maintenu à la tête du XV de France. Je l'ai revu au Stade de France après mon éviction. Il était en compagnie d'un dirigeant de la FFR et il est passé à quelques centimètres de moi sans s'aviser de ma présence ; de mon côté, je n'ai pas bronché car j'avais trop mal au cœur à la pensée d'aborder en adversaire, pour la première fois, celui qui était mon ami et qui l'est resté malgré tout : il est l'un des rares que je ne puisse effacer de ma mémoire. Soudain, Philippe s'est retourné, il m'a aperçu et m'a appelé. Je n'ai pas su faire autrement qu'aller à sa rencontre.

18
UNE TOURNÉE POUR TRINQUER

Le 3 décembre 2016, le verdict a retenti comme un coup de tonnerre dans la France du rugby : Bernard Laporte était élu président de la FFR. Je n'ai pas pensé aussitôt que les ennuis allaient commencer mais j'ai été forcément ébranlé, d'autant qu'étaient parvenus jusqu'à mes oreilles les échos des avis formulés à mon sujet par les nouveaux patrons de la Fédé. J'ai consulté Jean Dunyach et Antoine Marin qui ont su rester positifs et trouver les mots pour m'inciter à poursuivre ma mission. Ils m'ont expliqué que l'équipe de France avait besoin de moi, puis se sont retirés du circuit avec une grande dignité.

Mon attitude engageait le staff que j'avais choisi et dont j'avais la responsabilité. Je me devais donc d'écouter le discours des nouveaux élus. La première entrevue, un déjeuner de deux heures en tête-à-tête avec le vice-président Serge Simon, a donné le ton. Il m'a indiqué qu'il ne m'avait pas choisi et que notre collaboration ne serait pas facile. J'aurais pu lui répondre à l'identique mais j'ai préféré lui faire savoir que, s'il m'était donné de poursuivre mon travail dans de bonnes conditions, il pourrait compter sur moi. Il a insisté sur le fait qu'il ne devrait pas exister entre nous un millimètre de décalage et cette recommandation ne m'a pas choqué : j'avais toujours fonctionné ainsi. J'ai quand même été un peu troublé quand Simon m'a annoncé que, spécialisé dans les relations publiques, il s'occuperait de la communication avec les médias ; que je m'exprimerais lors des conférences de presse et que lui choisirait les images à diffuser, les messages à faire passer.

Apparemment, nous avions trouvé un modus vivendi, sur le thème « Je ne suis pas obligé de t'aimer pour travailler avec toi ». Je ne découvrais pas Serge Simon puisque nous avions été en rapport quand il était président de Provale, le syndicat des joueurs. Effectivement, nous ne nous aimions pas, et depuis toujours. Au Stade, je n'avais jamais cessé de protéger les joueurs et, comme leurs conditions de travail étaient établies dans la transparence, je considérais qu'ils avaient moins besoin du syndicat que le syndicat n'avait besoin d'eux. La politique interventionniste de Provale m'agaçait car nos joueurs ne déploraient aucun retard dans le versement des salaires ni quelque désintérêt de leur reconversion. Nous avions eu, avec Simon, quelques passes d'armes par médias interposés mais je n'en avais pas moins respecté Provale et facilité la tenue des réunions au stade Wallon où le président du syndicat venait porter la bonne parole. Quand il a pris ses fonctions à la FFR, il ne risquait pas d'avoir oublié une scène qui s'était déroulée naguère à la brasserie du Stade Toulousain. Je buvais un café en compagnie de Jean-Michel Rancoule et de Philippe Rougé-Thomas quand Simon était arrivé. Il avait salué les uns, embrassé les autres et... m'avait tendu la main. Je l'avais regardé avec étonnement : après tout ce qu'il avait « balancé » sur mon compte, je ne pouvais que refuser de serrer cette main. « Ah, c'est comme ça ? » m'avait-il lancé. Oui, c'était comme ça.

Avec Bernard Laporte, nous avions été dans une rivalité purement sportive, entretenue volontiers par les médias. Le Stade Français qu'il entraînait, puis Toulon, disputaient le prix d'excellence au Stade Toulousain. J'ai raconté dans quelles circonstances j'avais été amené à collaborer quelque temps avec lui quand il dirigeait le XV de France. Des rencontres sporadiques n'étaient pas pour instaurer une véritable relation. Laporte n'avait pas porté le maillot frappé du coq mais je respectais le joueur et le capitaine qu'il avait été, l'entraîneur aussi. En dépit de nos anciennes joutes dans la presse, je n'avais pas de réaction de rejet vis-à-vis du nouveau président de la FFR. Au contraire, je trouvais rassurant de pouvoir en référer à quelqu'un qui connaissait tous les tenants et aboutissants du métier d'entraîneur et de sélectionneur.

Or, je n'ai pratiquement pas été en rapport avec Bernard Laporte. J'ai dû le rencontrer à peine trois ou quatre fois. Je n'avais été habitué à ce fonctionnement ni par René Bouscatel ni par Pierre Camou que je voyais ou entendais presque tous les jours. Dans la mesure où Bernard Laporte avait délégué à Serge Simon la responsabilité des équipes de France, c'est qu'il entendait se consacrer à d'autres tâches. Je n'avais pas à forcer sa porte. Il avait désigné Bernard Viviès pour succéder à Antoine Marin comme délégué du comité directeur auprès du XV de France. Bernard et moi avions un an d'écart. J'avais fait sa connaissance au Bataillon de Joinville et nous avions joué ensemble en équipe de France. Ancien adjoint de Laporte au titre d'entraîneur des lignes arrière tricolores, Viviès avait choisi son camp mais il a exercé sa fonction avec une grande loyauté.

Sur la liste des 32 joueurs retenus pour préparer le Tournoi 2017, j'ai inscrit le centre toulousain Yann David, qui avait recouvré tous ses moyens après avoir été longtemps accablé par les blessures. Malheureusement pour lui, il a été encore trahi par sa cuisse à l'entraînement, juste avant l'annonce de l'équipe pour Twickenham. Maxime Médard, lui, n'était pas revenu à son meilleur niveau et il ne figurait pas dans la liste. Contrairement à ce qui a pu être avancé, il n'y avait pas de favoritisme envers les Toulousains. Comme devant les Blacks, nous avons perdu de peu, de trois points, en Angleterre. Nous menions encore à dix minutes de la fin mais nous avons concédé à Te'o l'essai qui a fait la différence. Le coaching d'Eddie Jones s'est ainsi avéré plus efficace que le nôtre. À la dernière minute, nous avons bénéficié d'une pénalité qui pouvait renverser le score mais Doussain, rentré à l'ouverture à la place de Lopez, n'a pas trouvé la touche. Devoir se contenter du bonus défensif avait de quoi faire râler Guilhem Guirado, les joueurs et le staff. Contre l'Écosse, à Saint-Denis, les rôles ont été exactement inversés : ce sont les Écossais qui ont manqué une transformation face aux barres et qui sont repartis avec le bonus défensif ; les dix dernières minutes nous ont été favorables, Lopez réussissant deux pénalités qui nous ont offert la victoire. Nos joueurs sont rentrés dans leurs foyers et, la semaine suivante, ils n'ont pas été rassemblés à Marcoussis mais à Nice, le fief de Serge Simon. Après tout, il n'était pas mauvais qu'ils s'évadent du CNR. En outre, c'était l'occasion d'aller à la rencontre de supporters et d'enfants en souffrance. Le stage s'est bien passé : les joueurs ont travaillé avec application, nous avions l'impression d'être sur la bonne voie. Quant aux relations avec l'équipe Laporte, elles étaient même empreintes de cordialité. Ainsi Serge Simon m'a-t-il demandé si je voyais un inconvénient à ce que son épouse et ses enfants prennent l'avion pour Dublin avec le groupe : je n'avais pas de raison de m'y opposer. Hélas, la construction du puzzle a subi un coup d'arrêt à l'Aviva Stadium. Nous avons pourtant mené 6-0, la deuxième pénalité de Lopez étant précédée d'un essai de Lamerat invalidé par l'arbitre vidéo à cause d'un en-avant de Fickou. Pour le moins douteux, l'essai de Murray qui a remis les Verts en selle a été, lui, accordé. Par la suite, nous n'avons pas été capables de secouer le joug irlandais et la botte de Sexton a concrétisé la domination des siens. Heureusement, la fin du Tournoi a redoré le blason. D'abord, nous avons remporté une large victoire à Rome, avec le bonus. Il n'y avait pas de quoi pavoiser mais je remarque que, l'année suivante, l'équipe de France dirigée par Jacques Brunel a battu l'Italie, au Stade de France, sans le bonus : après un tel résultat, nous aurions été éreintés...

Jamais, depuis que le chronométrage officiel a été institué, que le temps est affiché et que la partie s'achève au premier arrêt de jeu après la 80e minute, un match de rugby ne s'était prolongé de... vingt minutes. Ce final surréaliste a été celui de France-Galles 2017 et il ne se reproduira certainement jamais plus. Il a marqué l'histoire du Tournoi des VI Nations mais la semaine qui l'a précédé a marqué au fer rouge, qui n'était pas celui des Gallois, l'existence d'un sélectionneur. Le lundi soir, alors que je faisais du vélo en salle à Marcoussis, Jonathan Danty et Djibril Camara sont venus à ma rencontre : ils souhaitaient quitter le CNR pour rejoindre, à Paris, leurs équipiers du Stade Français réunis dans l'urgence après l'annonce d'une possible fusion des deux clubs de la capitale. Naturellement, je me suis opposé à leur départ, considérant que deux joueurs susceptibles de représenter la France le samedi n'avaient pas à être distraits de leur mission. De retour dans ma chambre, j'ai reçu un coup de fil de Serge Simon, qui ne m'a pas surpris. Le vice-président a insisté pour que je libère les deux joueurs, ce à quoi je ne pouvais me résoudre. Et si quelque incident survenait durant le trajet ou à Paris ? Notre responsabilité serait engagée. Simon n'a pas voulu m'entendre : il avait donné le feu vert et il a imposé sa volonté en tant que supérieur hiérarchique. J'ai écarté Danty et Camara du groupe annoncé le mercredi. Tous les joueurs ont su que Simon était passé par-dessus ma décision. Le désaveu du sélectionneur a fait écrouler notre structure. Et je n'étais pas au bout de mes peines ! À la veille du match, j'ai appris que les joueurs allaient arborer un brassard rose, en signe de solidarité avec le Stade Français. Et le Racing Métro, dans tout ça ? À ce moment-là, je n'étais plus en état de m'adresser aux joueurs avant la rencontre. Finalement, le projet du brassard a été abandonné et j'ai fait mon discours d'avant match.

On imagine aisément combien j'ai savouré la victoire sur les Gallois, acquise grâce à un essai de Chouly à la... 100e minute et grâce à la transformation de Lopez. Je ne l'ai pas savourée seulement parce que nous mettions fin à une série de cinq revers depuis la Coupe du monde 2011. La polémique sur le remplacement d'Atonio par Slimani, lors de l'interminable série de mêlées devant la ligne galloise, n'a nullement gâché notre plaisir. Elle a été déclenchée par les accusations du sélectionneur gallois Rob Howley à notre encontre et une enquête a été diligentée. Le docteur Philippe Turblin a constitué un dossier et il a assumé la responsabilité du remplacement d'Atonio. Le staff a fait montre d'une grande solidarité. Le comportement de tous ses membres a prouvé, si besoin était, que je ne m'étais pas trompé en les choisissant et cette polémique n'a fait que renforcer nos liens. L'amertume des Gallois, vainqueurs 18-13 à la fin du temps « règlementaire », était compréhensible mais notre mêlée avait dicté sa loi et l'arbitre aurait pu (dû ?) accorder l'essai de pénalité bien avant que Chouly franchisse la ligne. En conférence de presse, il a été également question d'une morsure dont l'ailier North aurait été victime. Sur les terrains, j'avais tout vu, y compris des joueurs se plaindre à l'arbitre après s'être mordus eux-mêmes ! Rien de plus facile : j'en ai fait aussitôt la démonstration devant les journalistes.

Aux joueurs, j'ai dit que j'étais fier d'eux. Leur engagement avait été irréprochable : techniquement, il y avait encore beaucoup à faire mais nous tenions la route. Lentement mais sûrement, nous avancions sur celle qui menait au Japon. À défaut d'être triomphal, le bilan de ce Tournoi était honorable. Le match contre les Verts avait été le seul point noir. La France s'adjugeait la troisième place, son meilleur classement depuis sept ans. Elle terminait au niveau de l'Irlande, derrière l'Angleterre que nous avions malmenée à Twickenham. Pourtant, dans des discours officiels, ce parcours était jugé très insuffisant, presque calamiteux. Je cite une sentence : « L'équipe de France doit dominer tout le monde. » Bizarrement, l'exigence est devenue moins forte la saison suivante. En prenant ses fonctions, Jacques Brunel a annoncé qu'il visait le grand chelem et qu'il raserait sa moustache si l'objectif était atteint. Son ornement a été heureusement préservé car son équipe s'est classée plus près du fond que du sommet, plus mal que la nôtre en tout cas. Et la Fédération, bien sûr, n'y a rien trouvé à redire.

Trois tests étaient au programme de la tournée de juin en Afrique du Sud. Un menu très copieux auquel nos dirigeants ont cru bon d'ajouter des contraintes de représentation. Ainsi, avant de partir pour Johannesbourg, l'équipe de France a-t-elle fait halte à La Réunion et à Mayotte, ayant été scindée en deux groupes à cet effet. Je n'ai pas participé à cette opération promotionnelle car j'ai assisté à la finale du Top 14, devant rejoindre ensuite le groupe avec les sélectionnés toulonnais et clermontois. J'ai toujours estimé que ce genre de récréation était incompatible avec la préparation d'un match de haut niveau, a fortiori de trois tests chez les Springboks ! Pour espérer remporter une telle série, il faut constituer un commando et Bernard Laporte le sait mieux que quiconque. A-t-on vu un général préparer ses troupes au combat en partageant son effectif et en envoyant les hommes signer des autographes et se faire prendre en photo ? Comment peut-on demander aux joueurs de penser à l'équipe de France chaque matin en se rasant et organiser de telles escapades ? J'ai appris plus tard que Simon était actionnaire de la chaîne de télévision qui bénéficiait de l'exclusivité de ce reportage.

Je n'ai pas eu le choix : j'ai dû m'accommoder de ce programme que je trouvais aberrant. Rien d'étonnant à ce que plusieurs joueurs soient rentrés de la tournée sur les rotules. Nous avons perdu les trois tests sur un score similaire. À l'issue du premier, Serge Simon a pénétré dans le vestiaire. Il était furieux et désirait parler aux joueurs. Je n'avais pas prévu son intervention, je l'ai prié de patienter. Après avoir livré un combat d'une telle intensité et l'avoir perdu, les joueurs ont uniquement besoin de récupérer, ils ne sont pas réceptifs aux discours. J'ai pris les devants pour essayer de les réconforter et de susciter un espoir en les faisant basculer aussitôt sur le deuxième test. Simon a pris alors la parole. J'ai quitté le vestiaire vers la moitié de son discours car je ne supportais plus de l'entendre dire aux joueurs que la Fédération faisait pour eux des efforts et qu'ils se devaient de renvoyer l'ascenseur. Sans doute a-t-il voulu, inopportunément selon moi, se donner de l'importance, tout au moins accentuer une ingérence difficilement admissible.

Si le résultat de la tournée a été absolument négatif, nos prestations nous ont procuré quelques satisfactions auxquelles se raccrocher. Je reste convaincu que les joueurs auraient fait mieux s'ils avaient été placés dans de bonnes conditions. Je ne prétends pas que nos dirigeants ont délibérément savonné la planche mais je constate qu'à l'occasion de la tournée de 2018 en Nouvelle-Zélande, ce sont les Barbarians qui se sont rendus en Nouvelle-Calédonie...

Un débriefing était nécessaire dès le retour au pays. Cette année-là, j'ai cru, à deux reprises, pouvoir rencontrer Bernard Laporte en tête-à-tête. Je le souhaitais car je pensais qu'une discussion entre hommes de terrain serait fructueuse. Il semblait disposé à se déplacer jusque chez moi mais les deux occasions ont été manquées. Au retour de la tournée, il a été question d'une réunion avec l'ensemble des dirigeants et du staff; présidée par Serge Simon, elle était censée ouvrir des pistes de réflexion sur le proche avenir. Au cœur de l'été, une petite bombe a éclaté : la révélation des liens entre Mohed Altrad et Bernard Laporte. Je ne me suis pas intéressé à cette affaire, j'avais suffisamment de soucis dans mon boulot. En revanche, la déclaration du président de la FFR fixant l'objectif de la tournée d'automne ne pouvait me laisser indifférent : trois victoires en quatre tests ! Alors que nous avions au menu l'Afrique du Sud, la Nouvelle-Zélande (deux fois) et le Japon qui n'était plus une nation mineure, Laporte mettait sciemment une pression énorme et négative sur le staff, bien plus que sur les joueurs. Forcément, j'ai mal vécu cet ultimatum à peine déguisé. Auprès des joueurs, je n'ai pu qu'essayer d'atténuer l'impact de ce discours exactement à l'opposé du mien. Curieusement, il a changé du tout au tout quand l'équipe de France est partie chez les Blacks quelques mois plus tard : elle allait en Nouvelle-Zélande pour apprendre...

Comme si trois tests ne suffisaient pas, un quatrième match, qui ne comptait pas pour une cape, avait été ajouté à la demande de la FFR. Elle était seule à trouver son... compte dans la confrontation, tout à fait incongrue, de réservistes français et néo-zélandais à Lyon, trois jours après le test contre les All Blacks à Paris et quatre jours avant celui contre les Springboks ! Quand l'inscription de ce match au calendrier avait été évoquée, je l'avais aussitôt jugée déraisonnable et il m'avait été indiqué que mon avis serait pris en considération. À preuve. Après avoir débriefé, le dimanche matin, la défaite devant les Blacks, il m'a fallu partir à Lyon, l'après-midi, avec neuf joueurs mais sans médecin ni kiné : le LOU a eu l'amabilité de mettre son staff médical à notre disposition. Yannick Bru et Jeff Dubois sont arrivés au Groupama Stadium en moto-taxi : ils n'ont pu voir les joueurs qui étaient déjà à l'échauffement. Le coup d'envoi était donné à 19 heures, au gré des Néo-Zélandais qui repartaient en suivant au pays. Quant aux patrons de la FFR, ils étaient absents. Les joueurs avaient de quoi se sentir abandonnés ; sans parler de ceux qui avaient été convoqués le dimanche pour jouer le mardi ! Yoann Maestri, « promu » capitaine, l'a très mal pris. Même si je n'étais pour rien dans toutes ces brimades, je me sentais responsable. Pour motiver des joueurs en proie à la morosité, j'ai promis que les plus valeureux seraient récompensés. Est-ce la raison pour laquelle l'équipe a fait un match de qualité, ne s'inclinant que de cinq points et donnant du plaisir au nombreux public ? Contraint de quitter le groupe et le staff jusqu'au mercredi soir, je n'ai eu que deux jours pour préparer le test contre l'Afrique du Sud : je n'ai pu faire mon travail correctement. Jamais, dans ma carrière d'entraîneur, je n'avais été placé dans de telles conditions. Aucun sélectionneur n'a subi ce que j'ai subi. Mon quotidien était fait de déclarations de soutien aussitôt démenties par des actes. Tout semblait orchestré pour déstabiliser l'équipe de France et nuire ainsi au sélectionneur et à son staff. Directement ou indirectement, nous avons été mis en accusation. Je suis passé pour un empêcheur de tourner en rond, presque pour un tortionnaire. Plus tard, je suis arrivé à sourire de ces reproches fallacieux mais, sur le moment, ils m'ont empoisonné l'existence. Je refusais, soi-disant, l'accès de l'équipe de France à ses supporters et aux médias. Pourtant, nous sommes allés en stage à Canet et à Nice, pourtant nous avons toujours programmé des entraînements ouverts au public. Et ce n'est pas moi, que je sache, qui ai fait poser des bâches sur les grillages des terrains d'entraînement durant le Mondial 2019.

Nous avons perdu d'un point contre les Springboks, futurs champions du monde. Un point, c'est tout, comme dit l'autre, mais étions-nous pour autant à jeter au rebut ? Au contraire, je trouvais que les joueurs avaient été mentalement plus forts que face aux All Blacks. J'ai vécu d'autant plus mal cette défaite qu'elle apportait de l'eau au moulin fédéral, celui qui servait à broyer.

Le pire était à venir. À cause de la finale de la Coupe Davis de tennis, France-Japon avait été déplacé de Lille à Nanterre, mais ce n'est pas le gazon synthétique de la U Arena qui a été la cause de notre piètre prestation. Non content de polluer la préparation du test contre les Boks, le match de Lyon a également pollué la composition de l'équipe pour le test contre le Japon. En effet, j'ai respecté ma promesse en titularisant ceux qui avaient tiré leur épingle du jeu dans le Rhône : il n'était pas dans mes habitudes d'utiliser les joueurs comme des mouchoirs jetables. En reconduisant l'équipe qui avait tenu la dragée haute à l'Afrique du Sud, j'aurais manqué à ma parole. Toujours est-il que ce quatrième test, mal engagé à l'image d'une première action sur laquelle un ballon conservé par Teddy Thomas nous a privés d'un essai imparable, s'est mal terminé. Nous l'aurions même perdu si le dernier essai du Japon avait été transformé mais le résultat nul – c'était le cas de le dire – ressemblait trop à une défaite. J'ai parlé aux joueurs : j'avais été déçu par le comportement de certains mais les critiques personnelles se font en tête-à-tête, pas devant les épouses des joueurs et les invités de la Fédération.

Les garçons étaient déjà suffisamment affectés par leur mauvais match pour ne pas avoir à essuyer une humiliation publique. Elle leur a pourtant été infligée par le président de la FFR : au cours du dîner qui se tenait au dernier étage d'un hôtel, il a déclaré que certains n'avaient pas leur place en équipe de France. N'ayant pas été international, Bernard Laporte a du mal à se mettre à la place de ceux qui, déjà peinés de n'avoir pas très bien représenté leur pays, reçoivent en pleine figure de tels propos. Selon moi, celui qui les a tenus n'est plus crédible quand il affirme ensuite aux joueurs qu'il les aime. Laporte et moi avons un comportement fondamentalement différent, par notre éducation, notre formation. J'ai été parfois, moi aussi, en colère contre tel ou tel joueur qui n'avait pas été à la hauteur de sa tâche. Au lieu de lui dire « Tu es mauvais, je te sors de l'équipe », j'ai préféré lui donner les raisons de sa contre-performance et lui proposer des solutions pour qu'il revienne à son meilleur niveau.

Après avoir entendu un tel discours, je n'avais qu'une seule envie : déguerpir. Ma fonction ne me le permettait pas, d'autant que le président, sans que je sache s'il agissait par calcul, m'a invité à dîner à sa table, où se trouvait naturellement Serge Simon. Des paroles irrespectueuses ont été prononcées à l'encontre de Pierre Villepreux, des paroles que je n'avais pas envie d'entendre et à travers lesquelles je me sentais plus ou moins visé. J'avais la tête sur le billot mais j'avais passé l'âge d'en être traumatisé. J'eusse aimé une explication à la loyale mais la loyauté ne figurait pas au menu.

La nuit a été longue, je l'ai passée à gamberger. Je voyais bien que j'étais engagé dans une spirale négative et que je passais mon temps à recoller les morceaux. Pourtant, je demeurais convaincu que nous étions tout près des meilleurs : je crois que la balance aurait fini par pencher en notre faveur si nous avions pu bénéficier des mêmes conditions de travail qu'avec Pierre Camou. La tournée terminée, j'ai décidé de me couper de tout pendant quelques jours, de me protéger en prenant du recul. J'ai vécu l'un des pires moments de ma carrière, condamné à l'incertitude. Mon sort se trouvait entre les mains de personnes en qui je n'avais pas confiance et qui ne voulaient pas de mes services. Mes proches m'ont aidé à regarder la vérité en face, me rappelant des faits significatifs : j'ai réalisé que j'avais été la cible d'une entreprise de démolition.

J'ai appris mon éviction par Yannick Bru. Il avait reçu un coup de fil de Bordeaux l'informant que Jacques Brunel avait annoncé aux joueurs de l'UBB son départ pour cause de promotion tricolore. Dans la foulée, un journaliste de *Midi Olympique* m'a confirmé que la nouvelle allait être publiée. À la FFR, personne n'avait daigné m'aviser mais je n'en étais ni surpris ni déçu. Bernard Laporte a fini par me téléphoner et m'expliquer qu'il ne pouvait pas faire autrement, invoquant un prétendu agacement des partenaires de la FFR. Il n'a pas parlé de faute grave de ma part. J'ai découvert ce motif le lendemain, en ouvrant un courrier expédié avec accusé de réception. L'argument était fallacieux : une faute grave ne saurait se rapporter aux résultats, sinon Jacques Brunel eût été à son tour licencié. Cette accusation a exacerbé mon désir de démontrer que j'étais victime de malhonnêteté. Dans sa lettre, le président de la FFR expliquait qu'il n'avait pu me recevoir en entretien préalable, les circonstances exigeant une décision rapide. Comment expliquer une telle animosité ? Par notre rivalité sportive, médiatiquement entretenue ? Par les victoires, plus nombreuses que les défaites, obtenues par le Stade Toulousain devant l'équipe de Bernard Laporte ? Si tel est le cas, je n'ai pas fini de savourer la finale de 2012, remportée au détriment de Toulon !

Au micro de Jean-Pierre Elkabbach, le président de la FFR a évoqué un audit accablant pour moi. Dans la forme légale, il n'existait pas. Un audit est réalisé par une société indépendante qui fait signer leurs déclarations aux gens entendus. Il ne consiste pas en quatre coups de fil passés depuis son bureau par Serge Simon, mon adversaire déclaré. En fait, il s'agissait d'établir, en demandant à tel ou tel président s'il avait reçu ma visite, que j'avais négligé la relation avec les clubs. Chaque sélectionneur procède à sa manière et je ne pense pas que les rapports avec les présidents relèvent de sa compétence. En revanche, après avoir réparti entre les membres du staff les quatorze techniciens à contacter, nous nous entretenions régulièrement, et très cordialement, avec les entraîneurs à propos de leurs sélectionnés : quel responsable d'une équipe nationale serait assez stupide pour agir autrement ? Le maniement du paradoxe me rend admiratif, un peu moins quand il sert à noyer un chien en l'accusant de la rage. Comment ne pas s'étonner, en esquissant un sourire, qu'un président de fédération, après s'être présenté durant sa campagne comme le champion des petits clubs – ce qui suppose une certaine aversion pour les grands –, manifeste une telle sympathie à l'égard du Stade Français et reproche au sélectionneur de ne pas être assez proche des clubs pros ?

Quelque temps auparavant, Simon m'avait convoqué avec mes deux adjoints pour nous demander comment nous comptions nous y prendre pour améliorer le rendement du XV de France. J'avais expliqué que nous avions d'abord besoin de travailler dans la sérénité, avec le soutien du pouvoir fédéral. Après tout, nous n'avions pas été choisis pour être remis en question chaque semaine. Simon avait considéré que ma réponse signifiait la pénurie de solutions et il avait été clair : il n'était pas là pour s'engager derrière nous et garantir notre avenir.

Des joueurs de l'équipe de France auraient été interrogés à mon sujet. Une telle consultation est pour le moins sujette à caution : on imagine aisément la pression que peut exercer sur des sélectionnés une telle démarche. Il est facile aussi d'interroger, même s'ils sont peu nombreux, les déçus du système, notamment ceux qui ne jouent pas ou ne jouent plus, et d'ignorer ceux qui, majoritaires, ont une bonne opinion du sélectionneur. Il se trouve qu'aucun joueur n'a prononcé des paroles de reproche à mon égard. La seule déclaration ambiguë a été imputée au Pyrénéen de Bordeaux Nans Ducuing, que j'avais retenu pour la tournée en Afrique du Sud et dont le comportement m'avait séduit, tant sur le terrain par son énorme investissement qu'en dehors par son entrain et son humour décalé. À tous les joueurs, j'avais donné en exemple son courage en défense : je le voyais mal formuler des griefs contre moi. D'ailleurs, il m'a téléphoné afin de dissiper l'équivoque et m'assurer de son soutien : il m'a certifié que ses propos avaient été déformés et que le journaliste s'en était excusé. De son côté, Guilhem Guirado s'est félicité de l'arrivée de Jacques Brunel et c'était compréhensible. Le capitaine se voulait positif, il connaissait bien Brunel qui était son entraîneur en 2009, quand l'USAP avait décroché le Bouclier de Brennus. Ces affinités n'ont pas empêché Guirado de m'envoyer un message au soir de l'élimination de la France par le pays de Galles en quart de finale de la Coupe du monde : il disait avoir pour moi une « énorme pensée » (sic), me remerciait pour l'opportunité que je lui avais offerte et avouait qu'il aurait aimé travailler un peu plus longtemps avec moi. Quant à Jacques Brunel, il n'a pas daigné me passer le moindre coup de téléphone. Son indifférence a suscité la mienne, tant il est vrai qu'on est seulement déçu par ceux que l'on estime. Il est vrai aussi que Brunel était là pour exécuter à la lettre les instructions de Laporte, dont il avait été naguère l'adjoint, et de Simon. Voilà pourquoi, alors qu'il a enregistré des résultats pires que les nôtres, il a été traité avec la plus grande indulgence, voire valorisé, par les patrons de la FFR. Nul ne peut douter que nous avons été pris dans un piège et que nous nous sommes débattus désespérément, comme des guêpes dans un bocal.

L'huissier dépêché par mes soins à Marcoussis pour récupérer l'audit est reparti les mains vides. Si faute grave il y avait, elle résidait plutôt dans les allégations infondées d'un président de fédération. Celles-ci contrastaient singulièrement avec la volonté affichée, belles paroles parmi d'autres, de promouvoir une image vertueuse du rugby auprès des enfants. Après cela, il ne fallait pas s'étonner que notre sport connût de sérieuses difficultés et qu'un grand constructeur automobile mît fin à son contrat de sponsoring avec la FFR.

19

À QUI LA FAUTE (GRAVE) ?

À la seconde même où j'ai pris connaissance de mon licenciement, j'ai su que j'allais me battre. Mon père n'aurait pas admis que je subisse sans broncher une injustice et que je ne défende pas mon honneur. Dans ma carrière, j'avais toujours relativisé victoires et défaites mais, cette fois, il ne pouvait en être ainsi. Ma révolte venait moins de l'éviction que de l'odieux traitement qui m'avait été infligé pendant une année. Seules les personnes partageant mon existence pouvaient avoir une idée nette des avanies que j'avais supportées. Une réflexion de mon épouse est restée gravée dans mon esprit : « Heureusement que c'est terminé. Ils auraient fini par avoir ta peau. » Mieux que quiconque, elle avait vu mon accablement chaque fois que je revenais de Marcoussis, elle avait constaté les effets du poison instillé. En même temps que la lettre de licenciement, j'ai reçu le formulaire pour m'inscrire au « Pôle emploi ». À 63 ans, je n'ai pu que vivre mal cette démarche, moi qui, à un certain moment, cumulais trois « métiers » : prof de gym, maçon et joueur de rugby.

Certains commentaires sur mon renvoi, par exemple celui de Jean-Marc Lhermet, ancien capitaine et directeur sportif de Clermont, ont dénoncé la forme plutôt que le fond. Effectivement, la procédure n'a pas été respectée, ce qui serait établi par le Conseil des prud'hommes. Je n'ai pas accepté pour autant que la décision fédérale en elle-même puisse être regardée comme légitime, au beau mépris des conditions dans lesquelles j'avais exercé mes fonctions. Ma fille Julie, avocate, a pris l'affaire en mains ; Françoise, mes enfants et mes proches ont poussé en mêlée avec moi. Claude Hélias a mis son cabinet d'expertise comptable à ma disposition : c'est là que s'est tenu le premier entretien avec mon avocat, Laurent Nougarolis. Nous avons passé quinze mois à monter le dossier. Pendant cette période, je n'ai répondu à aucune sollicitation : il était acquis que je ne reprendrais pas les commandes d'un club. J'ai été approché par Brive et, surtout, par Hubert Patricot, président du Stade Français. Son discours a été clair : quelles qu'elles soient, mes prétentions financières seraient satisfaites, ce qui impliquait évidemment une forte exigence de résultats. La proposition m'a flatté mais, même à l'ère du professionnalisme, je ne me voyais pas épouser un club du jour au lendemain ; j'ai toujours eu besoin de temps pour découvrir les personnes, savoir jusqu'où nous pourrions aller ensemble, instaurer l'indispensable confiance. C'est le Sud-Africain Heyneke Meyer qui a été embauché. J'ai aussi déjeuné, en 2018 à Albi, avec André Giraud, président de la Fédération française d'athlétisme, et le médaillé olympique Mehdi Baala : ils souhaitaient que j'intervienne auprès des cadres techniques mais le projet ne me convenait pas.

En réclamant justice, je savais que j'embarquais sur une galère où je risquais de ramer pendant quatre ou cinq ans.

Or, l'affaire a été assez vite réglée : sans doute était-elle une épine plantée dans le pied des dirigeants fédéraux. Mais c'est surtout pour moi que l'épisode a été douloureux. On n'aborde pas un procès comme une finale de championnat, l'affrontement n'est pas de la même noblesse. La Fédération n'a pas choisi son avocat parmi ses propres juristes. Elle a confié sa cause à celui qui, dans le procès intenté par Claude Puel à l'Olympique Lyonnais, avait défendu les intérêts du club et obtenu que l'entraîneur soit débouté. N'ayant pas grand chose à mettre sous sa dent, cet avocat s'est borné à m'affubler d'une prétention démesurée. Il ne connaissait rien de moi mais son métier consistait à me présenter comme le vilain petit canard. Il a déversé des ignominies que j'ai dû encaisser sans broncher car nous étions dans une salle de tribunal, au demeurant copieusement garnie. La FFR était représentée par son directeur général Sébastien Conchy, ancien troisième ligne de Bègles, qui se trouvait à cinq mètres de moi. Durant tout le procès, j'ai cherché son regard : il n'a jamais tourné la tête dans ma direction.

René Bouscatel a témoigné du dessein de Bernard Laporte, exprimé dans la presse durant sa campagne, de se séparer de moi s'il devenait président. Une fois élu, Laporte avait démenti ces propos et, pour des raisons qui le regardent, adouci son discours mais je n'avais pas été dupe : je le savais capable de dire blanc un jour et noir le lendemain. La suite des événements en avait apporté la preuve : il avait tenu à mon sujet un double langage, l'un devant les joueurs et l'autre devant les médias. Antoine Marin a également témoigné de la préméditation. L'ancien responsable opérationnel du XV de France a signifié par écrit que le président du comité des Alpes, Christian Dullin, lors de sa visite aux Tricolores durant le stage de Tignes préparatoire à la Coupe du monde, le 24 juillet 2015, l'avait informé qu'il rejoignait le camp de Bernard Laporte et que ce dernier procèderait à deux licenciements dès son élection : celui de Guy Novès – qui n'avait pas encore succédé à Philippe Saint-André ! – et celui de Paul De Keerle, directeur financier. De la bouche de Bernard Laporte lui-même, Tony Marin avait entendu confirmation de cette confidence lors d'une réunion tenue par le candidat à Lourdes, le 8 février 2016.

S'en tenant à l'aspect technique de l'affaire, Me Nougarolis a été excellent. De bout en bout, ma fille Julie a été merveilleuse dans son rôle mais elle n'avait pas attendu ce procès pour m'épater. Mes enfants m'ont toujours épaté ! Toute ma famille s'était liguée contre l'injustice. Quand l'un d'entre nous se trouve en difficulté, il bénéficie de l'aide illimitée de la communauté.

De l'audience du 14 février au verdict du 8 avril 2019, l'attente a été longue mais nous avons été récompensés. Par ce « nous », je n'entends pas seulement tous ceux qui ont mené à mes côtés le combat pour la réhabilitation, mais aussi tous ceux qui m'ont soutenu, quels qu'ils soient et quelle que soit la forme de leur soutien. Pendant quinze mois, j'avais croisé des personnes qui affirmaient être acquises à ma cause et dénonçaient un coup monté mais je me disais que ma seule parole ne constituait pas une preuve suffisante et que la lourdeur de l'accusation était de nature à laisser planer un doute, si léger soit-il. Ce doute hypothétique a été balayé par la décision des prud'hommes, laquelle a rejeté la notion de faute grave et retenu la rupture abusive et anticipée de contrat. Je pouvais désormais soutenir tous les regards. Dans l'avant-propos, j'ai indiqué comment j'ai accueilli ce jugement. Et pourtant, la Fédération a presque crié victoire ! Elle a été condamnée à me verser 1,008 million d'euros mais, dans la mesure où l'indemnité ne dépassait pas la somme budgétisée, les patrons de la FFR s'estimaient satisfaits. Leur réaction, en tout cas, attestait l'inquiétude qui les avait habités. Ils étaient donc vainqueurs à la façon de ces... vaincus qui, à l'issue du match, se félicitent de n'avoir encaissé que trente points alors qu'ils redoutaient d'en prendre cinquante. Je n'ai pas cherché à leur contester ce genre de succès. Le calvaire était achevé, j'étais soulagé. Entraîné dans la vis sans fin qu'est la compétition, je n'avais jamais pris le temps de me retourner. Le licenciement m'a au moins permis de me poser les bonnes questions, d'analyser mon parcours, d'y chercher pour quelles raisons j'avais été autant maltraité la dernière année.

Je suis resté supporter des Bleus. Pour les joueurs, j'ai été peiné de l'élimination en quart de finale de la Coupe du monde, pas pour les dirigeants dont les commentaires inconvenants ont fini par me faire sourire. Il ne m'a pas échappé que Fabien Galthié avait intégré le staff comme adjoint avant de succéder à Jacques Brunel. Et dire que les personnes ayant pris cette décision étaient les mêmes à m'avoir reproché les quatre mois passés à la Fédération avant ma prise de fonction ! J'ajoute que Galthié est devenu officiellement sélectionneur en novembre 2019 alors que le contrat de Brunel courait jusqu'en juin 2020...

Galthié et moi avons connu un cheminement inverse : lui a commencé à se faire débarquer en club, à Montpellier, puis à Toulon. J'ai relevé un autre paradoxe, parmi tant d'autres : si je ne m'abuse, Galthié a été licencié par M. Altrad qui, devenu le sponsor privilégié de la FFR, n'a pas hésité à faire l'éloge de celui qu'il avait congédié ! M. Boudjellal a agi de même et tenu les mêmes propos. Galthié, je le trouvais à sa place en tant que consultant sur France Télévisions, ses explications techniques étaient pertinentes. En tant qu'entraîneur, il ne m'a pas fait rêver. Toujours est-il qu'une nouvelle génération a pris les rênes du XV de France : elle a son histoire à vivre. Christophe Urios aurait pu être sélectionneur mais il a du caractère et Bernard Laporte n'aime guère les fortes personnalités. Urios avait déjà beaucoup appris à Castres et Oyonnax et son bagage n'a fait que s'enrichir à Bordeaux. Le chemin est long qui mène à la direction de l'équipe de France, il faut de la patience pour parvenir au port.

Au cours de la Coupe du monde 2019, j'ai annoncé ma retraite, sans avoir programmé cette décision. Je l'ai confirmée peu après, quand une équipe de France 3 est venue m'interviewer chez moi. J'avais besoin de récupérer des diverses épreuves que j'avais endurées. Même si mon licenciement me privait, momentanément peut-être, de deux annuités dans le calcul de ma retraite, ce n'était pas une motivation suffisante pour effectuer un dernier tour de piste. C'est pourquoi j'ai répondu par la négative à la proposition de la fédération italienne qui souhaitait me confier la *Squadra* jusqu'au Mondial 2023. Je savais trop l'investissement permanent qu'exige le poste et je n'étais plus disposé à tout sacrifier à cette mission. Mes déboires de sélectionneur m'avaient fait prendre pleinement conscience de la chance qui avait été la mienne au Stade Toulousain où j'avais bénéficié d'une liberté de manœuvre extraordinaire. S'il était inconcevable que l'Italie me réservât le même sort que la FFR, je craignais toutefois de ne pas maîtriser le projet comme je le désirais. J'ai pris la même attitude quand, à l'approche des élections municipales de 2020, le poste de responsable des sports à la mairie de Toulouse m'a été proposé. Si j'ai été finalement inscrit sur une liste, c'est à Leucate et en dernière position, afin de ne pas être élu : cet engagement était sentimental et apolitique.

Je n'ai jamais couru après la reconnaissance. Les résultats obtenus suffisent à mon bonheur et ma fierté rejaillit sur ceux qui m'ont accordé leur confiance et qui se sont impliqués avec moi, sur tous les membres de ma famille, qu'ils soient vivants ou disparus. Cependant, comme tout un chacun, les marques de considération qui m'ont été témoignées ne m'ont jamais laissé indifférent. Elles m'ont même souvent ému. Comment ne pas l'être quand d'anciens joueurs du Stade ou de l'équipe de France me remercient pour ce que j'ai apporté à leur carrière, à leur épanouissement surtout ? À la retraite, les compliments m'ont procuré du plaisir, celui du devoir accompli ; au début de ma carrière, ils me rassuraient, me permettaient de conforter ma position et mes intentions. J'ai toujours eu pour principe de ne pas m'attarder sur un résultat, de me concentrer aussitôt sur la prochaine échéance. Faute d'échéance, je me suis enfin laissé aller à regarder dans le rétro et j'ai vu se dérouler, presque comme si je la découvrais, une incroyable histoire. J'ai réalisé qu'entre le Brennus de 1947 et celui de 2019, j'avais participé à tous les titres remportés par le Stade Toulousain, que ce soit en Coupe d'Europe, en championnat, en challenge Du-Manoir, en Coupe de France, en challenge Béguère et en Bouclier d'Automne. J'ai dirigé l'équipe pendant 22 ans et nous avons fait du club le premier de France, le premier d'Europe. Des milliers de fois, sur le chemin du terrain d'entraînement ou des vestiaires, je suis passé sans m'arrêter devant le mur du palmarès « rouge et noir » qui trône au stade Wallon. J'ai désormais tout le loisir de le contempler et de fixer les yeux, avec une pointe de nostalgie forcément, sur les millésimes qui me sont chers. Ils évoquent aussitôt des souvenirs intimes aussi indélébiles que ces dates gravées. En s'arrêtant ou pas devant le mur, les générations futures diront quelle trace nous avons laissée. N'empêche que si l'on veut apporter sa pierre à l'édifice, il est nécessaire de regarder comment les autres ont été posées. Il ne faut jamais oublier que nous avons tous existé grâce à ceux qui nous ont précédés, que nous avons tous appris de nos aînés. Ce n'est pas telle ou telle carrière qui fait un club mais le fil rouge... et noir qui a été tendu. Celui du Stade Toulousain est solide. Quand j'entends le président Didier Lacroix et ses entraîneurs parler des ambitions du club, il me semble bien que leur discours s'inscrit dans la continuité de ceux qu'ils ont entendus pendant des années.

Il y a un mur au stade Wallon mais, chez moi, les murs sont nus. Rien n'indique, si ce n'est un ballon posé sur un meuble du salon ou deux photos reléguées sur la commode d'une chambre, que j'ai été rugbyman et entraîneur et que, sans être un artiste, j'ai rencontré le succès. Les trophées ou leurs répliques, je les ai offerts à ceux qui m'ont honoré d'une vraie amitié, à commencer par Claude Hélias. À mes yeux, offrir a plus de sens que conserver des objets qui ne sont que des rappels.

Le rugby n'a pas été l'essentiel de ma vie. Il l'était seulement quand je montais dans la voiture pour me rendre au stade, parfois durant le trajet retour. Chez moi, avec la famille et les amis, je n'avais pas envie de parler de mon métier. Avec mon épouse, nous n'évoquions notre activité professionnelle réciproque qu'en cas de souci majeur. Françoise m'a aidé à me persuader que la réussite d'une vie n'était pas tributaire de la réussite sportive. La santé de nos enfants, leur éducation, la protection et le conseil que nous leur devions a primé tout le reste. J'ai toujours fait en sorte que mes enfants gardent, comme mes joueurs, les pieds sur terre. À cet égard, une exposition de trophées à domicile me paraît pour le moins contre-indiquée.

Si le rugby n'a pas été l'essentiel, il m'a procuré des rencontres... essentielles, tellement enrichissantes. Certaines ont instauré une relation durable, par exemple avec Max Guibert, ancien joueur et président du Stade omnisports, qui forma un tandem inséparable avec Jean Fabre, président lors des trois titres des années 80. Max est plein d'attention pour moi, il me téléphone fréquemment, il me fait parvenir tel ou tel article, par exemple celui dans lequel Gareth Thomas prononce à mon sujet des paroles louangeuses. Pourtant, la relation avec ce promoteur qui avait pignon sur rue n'avait pas débuté sous les meilleurs auspices. Lorsque le Stade Toulousain m'avait poussé vers la sortie, Max Guibert, qui ne me connaissait pas, avait logiquement soutenu le jugement de Jean Fabre, dont il était le bras droit. Il m'a avoué qu'il m'avait découvert plus tard et qu'il avait constaté que la corde sensible pouvait vibrer chez un homme réputé pour son intransigeance. Il m'a rappelé en quelle circonstance : nous étions en train de bavarder, dans le gymnase du stade Wallon, quand Cédric Heymans est passé ; non sans m'en excuser, j'ai alors abandonné Max quelques instants car je tenais à réconforter Cédric pour lequel j'avais eu des mots plutôt durs. Heymans fait partie des joueurs, nombreux je pense, qui ont pu vérifier la pertinence du proverbe « Qui aime bien, châtie bien ». J'ai été à bonne école. Claude Labatut pouvait être très dur avec moi, au point qu'il m'est arrivé, plus d'une fois, de quitter l'entraînement. Après quoi, Claude venait chez moi, on se prenait dans les bras et on pleurait ensemble. Quand Cédric Heymans était dans le dur, qu'il ne parvenait pas à imposer son énorme potentiel au plus haut niveau, je n'ai pas hésité à le convoquer en tête-à-tête : je lui ai demandé de me faire confiance, au lieu d'écouter ceux qui lui mentaient ; je lui ai expliqué pourquoi il n'était pas le meilleur et lui ai proposé des pistes de travail pour le devenir.

Je voudrais citer aussi le Catalan Elie Xech, transporteur de son état, découvert par l'intermédiaire de Yannick Bru et Christian Labit. Il m'a fait savoir que son père, passionné de rugby et fervent admirateur du Stade Toulousain, était en train de s'éteindre et qu'il serait heureux de me voir à son chevet. C'était la première fois que j'étais l'objet d'une telle sollicitation. Je suis monté dans la voiture et me suis rendu à Perpignan. Un lien indestructible s'est ainsi noué avec Elie. Il en est de même avec le notaire Pierre Clary, qui se faisait un devoir d'accompagner mon épouse au stade ; avec le dentiste Patrick Simon, dont de nombreux joueurs toulousains ont le nom à la bouche. D'autres rencontres ont créé la magie d'un instant, qui ne s'estompe pas pour autant. Je pense à tous ceux qui m'ont gentiment soufflé à l'oreille qu'ils étaient supporters de Toulouse parce que le Stade leur avait fait aimer le rugby. Tel était le message qu'a déposé un soir sur notre table, en quittant le petit restaurant de Leucate où je me trouvais en tête-à-tête avec Françoise, la dame qui avait dîné avec son mari à côté de nous. Quand je parle de Leucate, je songe immédiatement à Stéphane Pujolle, qui fut un ardent talonneur du club, que j'ai connu en tant que directeur du camping municipal et dont la sollicitude s'exerce en permanence, dans tous les domaines. C'est lui qui m'a fait rencontrer Joël Castany dont j'ai soutenu la candidature à la présidence de la ligue Occitanie, comme j'avais soutenu la candidature de Michel Py, le maire sortant. J'ai aussi milité en faveur de Florian Grill lors de la campagne pour la présidence de la FFR ; non parce que j'entendais manifester mon hostilité à Bernard Laporte mais parce que j'avais été séduit par son challenger et sa rectitude morale, carrément stupéfait par sa connaissance parfaite des dossiers, laquelle ne va pas forcément avec la reconnaissance médiatique. Jean-Claude Skrela m'avait mis en relation avec Florian que j'ai découvert à l'occasion d'un déjeuner à Pibrac où il s'était rendu en compagnie de son épouse et de Jean-Marc Lhermet. Ce déjeuner précédait une réunion à Colomiers qui a immédiatement emporté mon adhésion au projet présenté par « Ovale Ensemble ». J'ai effectué cinq ou six déplacements, chaque fois que je l'ai pu, afin d'assister à des réunions similaires qui n'ont fait que conforter mon impression et ma résolution. À l'annonce du résultat, ma déception a été inversement proportionnelle à l'écart entre les deux listes.

Selon moi, c'est le rugby qui a perdu et qui va continuer à perdre. En évitant d'employer le terme de valeurs qui a été galvaudé et dont la définition est aussi fumeuse que celle du jeu à la française, je dirai que l'âme du rugby était déjà menacée de disparition. Ce n'est pas moi qui dénigrerai la compétition et le business, conditions sine qua non du développement d'une discipline, mais il n'est jamais bon de mettre la charrue avant les bœufs, la fac avant l'école. Jean-Pierre Rives a dit quelque chose du genre : « Le rugby, c'est l'histoire d'un ballon avec des hommes autour ; quand il n'y a plus le ballon, il reste les hommes. » Comme le prof de gym que j'ai été, l'éducateur de l'école de rugby n'est pas là pour former de futurs professionnels mais pour aider les gosses à devenir des hommes. Je ne suis pas passé par l'école de rugby mais le rugby m'a aidé à devenir un homme. Je ne souhaite rien de meilleur aux enfants qui ont choisi ou choisiront le ballon ovale.

Bien plus qu'un sport, bien plus qu'un métier, le rugby a été pour moi un art de vivre que je continuerai à exercer jusqu'à mon dernier jour. Cela ne m'empêche pas, maintenant qu'il n'y a plus de ballon, d'en pratiquer d'autres, à commencer par l'art d'être grand-père. J'ai eu tellement de chance, j'ai connu tellement de joies que je ne m'autorise pas à croire que le meilleur est à venir. Je me contente du bon. Si je ne cours plus, je marche. Sur d'autres chemins et toujours la tête haute.